KARTOGRAPHIE
DER
NEUEN WELT

KARTOGRAPHIE
DER
NEUEN WELT

Eingeleitet und erläutert
von
Lelio Pagani

Umschlagbild:
Karte 48 (Ausschnitt)

Den Bibliotheken, Istitutionen und sonstigen Inhabern der Rechte an den abgebildeten Karten sei für ihre freundliche Mitarbeit gedankt.

Deutsche Lizenzausgabe
Parkland Verlag, Stuttgart

Druck: Litostampa Istituto Grafico - Italy
Aus dem Italienischen von
H. G. Hahn

ISBN 3-88059-728-6

Grundlegend für die menschliche Existenz ist die räumliche Orientierung, die Beziehung zu den Orten, sei es im Leben des einzelnen, in seinem "Stück" Welt, sei es in der Menschheitsgeschichte überhaupt, mit ihrer stetigen Zunahme geographischen Wissens und Kompetenz.
Seit jeher reflektiert der Mensch über seine räumliche Existenz, eine Art geographische Neugier scheint ihm angeboren.

> "Zweifellos war Adam der erste Geograph. Beim Anblick des Paradieses stellte sich ihm sofort - und noch bevor er die schöne Landschaft bewundern konnte - die Frage: "Wo bin ich?" Dieselbe Frage hat man sich dann immer wieder gestellt. Man wollte auch wissen, was jenseits des Flusses und des Gebirges, was hinter dem Horizont war. Mit wissenschaftlichem Sinn ging man daran, die Größe der Erde zu berechnen, ihre Form zu bestimmen oder gar ihre Position im Weltall herauszufinden. Das Interesse an diesen Fragen hat im Lauf der Geschichte nie nachgelassen. Vor allem versuchte man sich ein klares Bild von der Erdoberfläche zu machen, dem Sitz pflanzlichen, tierischen und menschlichen Lebens." (1)

Thema des vorliegenden Bandes sind nicht die geographischen Einzelkenntnisse, die jeweils zur Verfügung standen, sondern die Grundvorstellungen, die herrschten, die Kategorien, in denen man dachte. Es geht um die "Form" der Erde, ihre Ausdehnung und die Proportionen der Landmassen und Ozeane.
Allenthalben in der Geistesgeschichte auftretende dualistische Vorstellungen und antithetische Begriffspaare wie Chaos - Kosmos, endlich - unendlich, bekannt - unbekannt beherrschen auch die Geographie. Wichtig ist in diesem Zusammenhang der Begriff der Grenze, an der die Welt endet und die eine allmähliche und unaufhaltsame Verschiebung erfährt. Das Wissen, das seine eigenen Grenzen kennt, überwindet in einem dialektischen Prozeß eben diese. Mit dem Sich-Auflösen der Binnen- und Außengrenzen verwandelt sich die in ihrer Ausdehnung mit der Alten Welt identische "Ökumene" des Altertums zur Welt von heute, die die Neue Welt in sich aufnimmt.
Der Impuls, die Grenzen zu überschreiten, war, unterschiedlich stark ausgeprägt, immer in der Menschheitsgeschichte präsent. Es ist das Leitmotiv des Reisens, Fahrens, der Mythos von Odysseus. Je nach geschichtlichem Kontext den verschiedensten Motivationslagen entspringend, führten die Reisen fast immer zur Entdeckung neuer Gebiete bzw. zu deren Identifizierung oder Beschreibung. Die Geschichte ist auch eine Geschichte der Entdeckungen, und die können ein weltveränderndes Ausmaß annehmen. Herausragendes Beispiel ist das Zeitalter der großen Entdeckungen. Seine theoretischen Studien und kühnen Unternehmungen bewirkten nicht nur eine Erweiterung des Wissensstandes, sondern eine völlige Veränderung des Weltbilds. Die Existenz eines neuen, riesig ausgedehnten Kontinents brachte ungeahnte Möglichkeit mit sich, zwang überhaupt zum Umdenken.
Um das Jahr 1000 hatten sich bereits die Wikinger über den Nordatlantik vorgewagt und Amerika erreicht. Ihre Entdeckung geriet aber in Vergessenheit. Die eigentliche Vorgeschichte der Entdeckung Amerikas setzt im 15. Jahrhundert mit den großen Reisen nach Asien und zu den Küsten Westafrikas ein. Es ist die Blütezeit des Humanismus mit seiner Neubewertung der Naturwissenschaften und auch geographischer Forschung. Erst möglich gemacht wurde die Entdeckung der Neuen Welt, über alle Widerstände hinweg, von der seefahrerischen Tradition, die Hafenstädte wie Venedig oder Genua oder noch andere Mittelmeerhäfen besaßen. (2)
Dazu kamen die geballten politischen und wirtschaftlichen Interessen Portugals und Spaniens mit ihrer Ausrichtung auf den Atlantik, bald gefolgt von England und Frankreich. Die Zeit war reif, damit eintrat, was Seneca vorausgesehen zu haben schien, als er schrieb:

> "Venient annis saecula seris quibus Oceanus vincula rerum laxet, et ingens pateat tellus, Tethysque novos detegat orbes, nec sit in terris ultima Thule." (3)

Die Stunde des großen Genueser Seefahrers Christoph Kolumbus war gekommen. Bevor Vasca da Gama den Seeweg nach Indien durch die Umsegelung Afrikas fand, setzte Kolumbus sich mit dem kühnen Projekt durch, Asien auf dem Westweg zu erreichen ("buscar el Levante por el Poniente"), um die Erde "in ihrem vollen Umfang zu erschließen". (4) Es war ein Unternehmen, in dem "geniale Eingebung und irrige Annahmen sich vermischten", eine "große Neuerung in einem traditionellen Kontext", seitens eines Entdeckers, der "noch dem Mittelalter und gleichzeitig schon der Renaissance angehört" (5), ein Meilenstein in der Geschichte der großen Entdeckungen, die, sich im 16. Jahrhunders intensivierend, bis ins 18. und 19. Jahrhunders hinein andauern sollten. Zu Recht steht das Jahr 1492 für den Übergang von einem Zeitalter zu einem anderen.(6)
Während aller seiner Fahrten glaubte Kolumbus, die Gebiete jenseits des Atlantiks gehörten zu Asien. Diesem Irrtum unterlagen

auch die Geographen bis über Kolumbus' Tod hinaus (7), wurden die neuentdeckten Gebiete doch nach Indien benannt.
Sofort nach der 2. Reise des Kolumbus ging man daran, das Gebiet des Isthmus von Panama zu erforschen und nach Süden und Norden vorzustoßen. Zu nennen sind u.a. Alonso de Ojeda, Vasco Nunez de Balboa, die Gebrüder Caboto, Giovanni da Verazzano, Amerigo Vespucci und Magellan. Bereits wenige Jahrzehnte später waren Ausdehnung und Morphologie eines Großteils der neuen Gebiete bekannt. (8)
Die nunmehr erreichte Souveränität beim Befahren der Weltmeere wird später von Botero so ausgedrückt:

> "Das feste Land könnte man schwerlich erforschen, ohne sich der Gewässer zu bedienen, ebensowenig wie die Gewässer ohne Zuhilfenahme des festen Landes. Denn wie die Seen, Flüsse und Meeresbuchten den Zugang zum Kontinent erleichtern und ihn uns nahebringen, so bieten uns die Inseln Halt beim Befahren und Erforschen des Ozeans, und zu diesem Zweck hat die Vorsehung es so eingerichtet, daß allenthalben Häfen und gemütliche Strände zur Verfügung stehen, als eine Art Schutz und Zuflucht für Schiffe und Seefahrer." (9)

Der Begriff des Neuen erwies sich im Zusammenhang der Entdeckungen als relativ. Ursprünglich glaubte man, unbekannte Teile eines an sich bekannten Kontinents - Asien - vor sich zu haben. Kolumbus' Voraussagen schienen sich erfüllt zu haben. 15 Jahre später mußte man sich dann der Erkenntnis öffnen, daß man, völlig überraschend, etwas ganz anderes gefunden hatte, eben eine "Neue Welt". (10)
Die Namensgebung verlief entsprechend komplex. Unsere Kultur machte sich den neuen Tatbestand nicht zuletzt durch den Prozeß des Bezeichnens zu eigen: In einer Art Taufe erhielten die Orte ihren Namen, von den Gesamtnamen für die großen geographischen Einheiten hin zu den einzelnzen Elementen. (11)
Die Bezeichnung "Neue Welt", zum ersten Mal möglicherweise von Kolumbus' Bruder Bartolomeo gebraucht, fand im Anschluß an Amerigo Vespuccis Schrift "Mundus Novus", die in allen europäischen Hauptsprachen verbreitet wurde, weithin Verwendung. (12)
Im Zusammenhang mit Vespucci sei die Geschichte des Names "Amerika" erwähnt. Auf einen Vorschlag Waldseemüllers aus dem Jahr 1507 hin (13) wurde zunächst der südliche Subkontinent so bezeichnet, der aber auch "Peru" oder "Peruvia" hieß. Erst in der Folgezeit setzte sich "Amerika" als Name für den ganzen Kontinent durch, in diesem Sinn bereits von Mercator um das Jahr 1569 und von Abramo Ortelio 1570 gebraucht. Wichtig auch die Bezeichnungen "Neu-Indien", "Westindien" oder einfach "Indien", die v.a. in Spanien und Portugal lange in Verwendung blieben.
Das Augenmerk Europas war nun auf die Neue Welt gerichtet: Sie wurde beschrieben und vermessen. Dabei veränderte sich aber die Gesamtperspektive: Das Neue relativierte, was bereits bekannt war. Die Folge war ein neues Weltbild überhaupt.
Man näherte sich dem Neuen in einem Prozeß an, der von der ersten Neugier, den Vorerwartungen und dem Plan fortschritt zur direkten Konfrontation mit der neuen Realität, die in Tagebüchern und Reiseberichten festgehalten wurde, bis dann das neue Wissen in systematischen Darstellungen kodifiziert wurde. (14)
Die Tragweite der Entdeckung Amerikas für das europäische Denken des 16. Jahrhunderts kann nicht hoch genug bewertet werden. Lopez de Gomara sieht in ihr das zentrale Ereignis der europäischen Geschichte überhaupt. (15)
Die Erforschung des neuen Kontinents ging zügig voran, wobei man sich aber stets bewußt blieb, daß die erlangten Kenntnisse noch beschränkt waren. Abramo Ortelio läßt das anklingen, wenn er in der 2. Hälfte des 16. Jahrhunderts seiner Karte "Novus Orbis" folgenden Text hinzusetzt, ohne aber die bekannten Fakten in Frage zu stellen:

> "Tota haec Orbis pars hodie circumnavigata est, praeter eum tractum qui Septentrionem aspicit, cuius littora nondum perlustrata sunt.
> A Septentrione in Meridiem descendit sub forma duarum peninsularum, quae tenui isthmo descernuntur. Ea peninsula quae septentrionalior est, Novam Hispaniam, Mexicanam Provinciam, Terram Floridam et Terram Novam comprehendit.
> Meridionalior vero (quae Terra Firma Hispanis vocatur) Peruviam, Bresiliamque continet." (16)

Expliziter Botero gegen Ende des Jahrhunderts:

> "Nach der Entdeckung dieser neuen Länder durch Christophorus Kolumbus, den Völkern Europas zu Nutzen, fuhr man unaufhörlich fort in ihrer Erforschung; aber obgleich sich darin allerlei Seefahrer und spanische, portugiesische, französische und englische Anführer hervortaten, weiß man doch eigentlich recht wenig, vor allem nicht, wo das Ende im Norden, Süden und Westen ist." (17)

Tatsächlich sollte die Erforschung des neuen Kontinents noch lange Zeit in Anspruch nehmen. Bleibt anzumerken, daß die Entdeckungen stets Gebiete betrafen, die bereits besiedelt waren. Das Vorstoßen in Neuland war eigentlich ein Aufeinanderstoßen von verschiedenen Kulturen (18), dessen unvermeidliche Dialektik im allge-

meinen zum offenen Konflikt degenerierte.(19) Das dramatische Schicksal der präkolumbianischen Kulturen ist bekannt.
Dies im Auge behaltend, ist der Begriff der Entdeckung, der im Sprachgebrauch der damaligen Zeit auch mit der Bekehrung von Heiden und mit ökonomischen Aspekten assoziiert wird, durch den der Eroberung zu ergänzen, der das Errichten von Herrschaft über Völker und Länder beinhaltet, im allgemeinen auf Waffengewalt gestützt. (20) Die Geschichte der "Entdeckungen" ist mithin die Geschichte der Beziehungen zwischen der Alten und der Neuen Welt, in deren Verlauf sich unter Mißachtung angestammter Rechte völlig neue politische Kräfteverhältnisse einstellten. (21)
Hand in Hand mit der Zunahme der geographischen Kenntnisse ging die Entwicklung der Kartographie. Unterschiedlich wirklichkeitsgetreu (je nach Epoche und Abbildungsverfahren), zeichnete die Kartographie das geographische Wissen auf. Damit lieferte sie wiederum das Ausgangsmaterial für neue Forschungen, durch die die geographischen Karten dann weiter verbessert werden konnten. (22)
Von ihnen wird hier eine Auswahl vorgelegt. Sie strebt keine Vollständigkeit an, sondern will anhand repräsentativer Beispiele die Entwicklung der Kartographie aufzeigen: von den Weltkarten am Vorabend der Entdeckung Amerikas über die schrittweise Erfassung des neuen Kontinents zu den ersten systematischen Gesamtdarstellungen.
Sie deckt dabei eine Zeitspanne von etwa 250 Jahren ab, von der 2. Hälfte des 15. bis zum Ende des 17. Jahrhunderts. Am Anfang steht die Weltkarte des Ptolemäus in der Version der Humanisten, am Ende der Erdglobus von Coronelli. Präsentiert werden europäische Werke, ohne die arabische und chinesische Kultur außer acht zu lassen.
Einzeln lassen sich die Werke als Illustration großer historischer Ereignisse auffassen. Zusammen dokumentieren sie eine Entwicklung, die auch heute fasziniert.

1) - P. PINCHEMEL, Stichwort *Geografia*, In: *Enciclopedia del Novecento*, Bd. 3, Rom, 1978, S. 300.

2) - Zu den Entdeckungsreisen allgemein: F.H. PARRY, *Le grandi scoperte geografiche*, Mailand, 1963; G. FERRO, I. CARACI, *Ai confini dell'orizzonte. Storia delle esplorazioni e della geografia*, Mailand, 1979; P. CHAUNU, *L'espansione europea dal XIII al XV secolo*, Mailand, 1979. Speziell zur Beziehung zwischen Europa under Neuen Welt: F. SURDICH, *Verso il Nuovo Mondo, La dimensione e la coscienza delle scoperte*, Florenz, 1991; G. AIRALDI, *L'Europa e il Nuovo Mondo. Studi di storia mediterranea e atlantica tra XV e XVI secolo*. Genua, 1990. Ferner W.G. L. RANDLES, *De la terre plane au globe terrestre. Une mutation épisthemologique rapide, 1480-1520*. Paris, 1980; C. VIVANTI, *Gli umanisti e le scoperte geografiche*, in *Iconografia colombiana*, Bd. 2, hrsg. von G.E. Viola, F. Rovigatti, P. Campodonico, C. Cerreti, Rom, 1992, S. 13-21.

3) - L.A. SENECA, *Medea*, vers. 374-379 (vgl. L.A. SENECA, *Tragedie*, hrsg. von G. Giardina, Torino, 1989.

4) - P. BAROZZI, R. BERNARDI, *Cercando il mondo, Esplorazioni e scoperte geografiche*, Bologna, 1986, S. 66. Zu Kolumbus: S.E. MORISON, *Admiral of the Ocean Sea: a Life of Christopher Columbus*, Boston, 1942; P.E. TAVIANI, *Cristoforo Colombo, La genesi della grande scoperta*, Novara, 1982; J. GIL, *Miti e utopie della scoperta, Cristoforo Colombo e il suo tempo*, Mailand 1991. Iun Gesondeiln: C. COLOMBO, *Il giornale di bordo*. Einführung und Erläuterungen von: P.E. Taviani e C. Varela, Nuova Raccolta Colombiana, Bd. 1, Rom 1988.

5) - P.E. TAVIANI. *I viaggi di Colombo. La grande scoperta*, Novara, 1984, Bd. 2, S. 92.

6) - P. BAROZZI, R. BERNARDI, a.a. D., S. 73. Zu Epocheneinteilung speziell: P.E. TAVIANI, *Questioni colombiane nel quinto centenario*, in *Iconografia colombiana*, Bd. 1, hrsg. von G.E. Viola, F. Rovigatti, C. Cerreti, Rom 1992, S.13-21.

7) - P.E. TAVIANI, *I viaggi di Colombo ...*, a.a. D., S. 92.

8) - Vgl. S.E. MORISON, *The European Discovery of America*, New York, 1971; J.L. MARTINEZ, *Passeggeri delle Indie. I viaggi transatlantici del XVI secolo*, Genua, 1988; *I navigatori. La scoperta dell'America nelle lettere di Colombo, De Cuneo, Vespucci, Verazzano*, Turin, 1971. Vgl. außerdem G.FERRO, I. CARACI, a.a. D., S. 59-69; F. SURDICH, a.a. D., S. 27-68.

9) - G. BOTERO, *Delle Relazioni Universali*, Ferrara, 1592, S. 414.

10) - G. FERRO, I. CARACI, a.a. D., S. 61.

11) - N. BROC, *La geografia del Rinascimento*, Modena-Ferrara, 1989, S. 37-39; *First Images of America: the Impact of the New World on the Old*, hrsg. von F. Chiappelli, Los Angeles, 1976.

12) - A. VESPUCCI, *Il Mondo Nuovo*, hrsg. von M. Pozzi, Mailand, 1985; ID, *Lettere di viaggio*, hrsg. von L. Formisano, Mailand, 1984.

13) - Der Geograph Martin Waldseemüller (1470-1521) verzeichnete 1507 auf seiner 1320x236O mm großen Karte "Universalis Cosmographia secundum Ptolomaei traditionem et Americi Vespucci aliorumque lustrationes" den südl. Subkontinent unter dem Namen "Amerika", der sich von Amerigo Vspucci ableitet, der dessen Ostküste erforscht hatte.

14) - Zitiert seien hier nur: G.B. RAMUSIO, *Navigationi et viaggi*, Bd. 3, Venedig 1556; R. HAKLUYT, *Principal Navigations*, London 1589. Ein Verzeichnis geographischer Texte zu Amerika findet sich bei J. SABIN, *Dictionary of Books Relating to America from the Discovery to the Present Time*, Amsterdam 1961 Vgl. auch V. FRANKLIN, *Discoverers, Explorers, Settlers: The Diligent Writers of Early America*, Chicago, 1979; J.H. ELLIOTT, *The Old World and the New, 1492-1650*, Cambridge, 1970; N. BROC, a.a. D., S. 17-28; F. SURDICH, a.a. D., S. 69-115. Zu den Quetten ferner: *Storia dei viaggiatori italiani*, III, *Le Americhe*, Mailand, 1987, *Il Nuovo Mondo*, I, *Gli Inglesi*, Turin, 1991, II, *Gli Italiani*, Turin, 1992; *L'America tra reale e meraviglioso, Scopritori, cronisti, viaggiatori*, Rom, 1990.

15) - R. ROMEO, *Le scoperte americane nella coscienza italiana del Cinquecento* (Mailand, Neapel, 1954), Rom, Bari, 1989.

16) - A. ORTELIUS, *Theatrum Orbis Terrarum*, Anversa, 1570, Kartentext zu "*Novus Orbis*".

17) - G. BOTERO, a.a. D., S. 352.

18) - Aus der um fangreichen Literatur: P. CHAUNU, *L'America e le Americhe, Storia del continente americano*, Bari, 1969; *First Images of America ...*, cit.; J.S. ELLIOTT, a.a. D.; D.S. BALBO, *La conquista intellettuale del Nord-America: l'immagine del "Nuovo Mondo"*, in "Annali della Fac. di Sc. Pol., Univ. di Genova", II, 1974, S. 927-999; A.W. CROSBY, "*The Columbian Exchange, Biological and Cultural Consequences of 1492*", Westport, 1972; G. ARCINEGA, *America en Europa*, Buenos Aires, 1975; A. GERBI, *La natura delle Indie Nove da Cristoforo Colombo a Gonzalo F. De Oviedo*, Mailand-Neapel, 1975; F. SURDICH, a.a. D., S. 175-207; *L'impatto della scoperta dell'America nella cultura veneziana*, hrsg. von A. Caracciolo Aricò, Rom, 1990; G. FERRO, *Altri paesaggi, altre piante, altri animali*, in *Iconografia colombiana*, I, a.a. D., S. 37-43.

19) - Vgl. L.N. MC.ALISTER, *Dalla scoperta alla conquista. Spagna e Portogallo nel Nuovo Mondo, 1492-1700*, Bologna, 1986. Ferner F. KATZ, *Le civiltà dell'America precolombiana, Storia, civiltà, cultura*, Mailand, 1985.

20) - L.N. MC ALISTER, *op. cit.*; vgl. auch P. CHAUNU, *L'America, le Americhe ...*, a.a. D., S. 67 ff.; F. SURDICH, a.a. D., S. 117-152.

21) - P. CHAUNU, *L'America, le Americhe ...*; ID., *La conquista e l'esplorazione dei nuovi mondi, XVI secolo*, Mailand, 1977, R. ROMANO, *I conquistadores, Meccanismi di una conquista coloniale*, Mailand, 1974; N. WACHTEL, *La visione dei vinti, Gli indios del Perù di fronte alla conquista spagnola*, Turin, 1977, *L'America violata. Antologia della conquista*, hrsg. von L.Pranzetti, Mailand, 1982; T. TODOROV, *La conquista dell'America, Il problema dell'altro*, Turin, 1984; F. JENNINGS, *L'invasione dell'America. Indiani, coloni e miti della conquista*, Turin, 1991.

22) - Historische kartographische Darstellungen Amerikas sind gesammelt bei: H. HARRISSE, *Bibliotheca Americana Vetustissima, A Description of Works Relating to America, Published between the Years 1492 and 1551*, New York, 1866-1872; C. SANZ, *Bibliotheca Americana Vetustissima, Comentario critico e indice general cronologico*, Madrid, 1960; J. SABIN, *op. cit.* Eine interessante Abhandlun güber die Darstellung Amerikas auf den Weltkarten bietet R.W. SHIRLEY, *The Mapping of the World, Early Printed World Maps, 1472-1700*, London, 1984. Siehe auch R.A. SKELTON, *Explorer's Maps*, Londra, 1958. Eine kritische Würdigung findet sich bei: N. Broc, a.a. D., S. 29-39; M. MILANESI, *Tolomeo sostituito, Studi di storia delle conoscenze geografiche nel XVI secolo*, Mailand, 1984; F. SURDICH, a.a. D., S. 100-105; W.E. WASHBURN, *Mappe, mostri e meraviglie: l'Europa di fronte al Nuovo Mondo*, in *Iconografia colombiana*, I, a.a. D., S. 2-9, und dort auch der Aufsatz von M. MILANESI, *La cartografia del Cinquecento e la nascita della tradizione colombiana*, S. 45-52.

Bibliographische Angaben zu den Begleittexten

ALMAGIA', R., *L'Italia di Giovanni Antonio Magini e la cartografia dell'Italia nei secoli XVI e XVII*, Napoli, Città di Castello, Florenz, 1922.

ALMAGIA', R., *Intorno ad un grande mappamondo di Giacomo Gastaldi (1561)*, "La Bibliofilia", XLI, Disp.7.8, 1939, S. 259-266.

ALMAGIA', R., *On the Cartographic Work of Francesco Rosselli*, "Imago Mundi", 1951.

ALMAGIA', R., *Intorno alle carte e figurazioni annesse all'Isolario di Benedetto Bordone*, "Maso Finiguerra", Bd. 2, 1937, S. 170-86.

ALMAGIA', R., *Planisferi, carte nautiche e affini dal secolo XIV al XVII esistenti nella Biblioteca Apostolica Vaticana, Monumenta Cartographica Vaticana*, I, Città del Vaticano, 1944.

ALMAGIA', R.,*Carte geografiche a stampa di particolare pregio o rarità dei secoli XVI e XVII esistenti nella Biblioteca Apostolica Vaticana, Monumenta Cartographica Vaticana*, II, Città del Vaticano, 1948.

ARMAO, E., *Vincenzo Coronelli*, Florenz, 1944.

ARMAO, E., *Il "Catalogo degli autori" di Vincenzo Coronelli, Una bibliografia geografica del '600*, Florenz, 1956.

BADDELEY, J.F., *Father Matteo Ricci's Chinese World-Maps, 1584-1608*, "The Geographical Journal", 1917.

BAGROW, L., *History of Cartography*, rev. and enlarged by R. A. Skelton, Londra, 1964.

BELLINGERI, G., VERCELLIN, G., *Del mappamondo turco a forma di cuore*, in *Venezia e i Turchi. Scontri e confronti di due civiltà*, Mailand, 1985, S. 154-159.

BERNARD, H., *L'apport scientifique du père Matthieu Ricci à la Cine*, Tientsin, 1935.

Biblioteca Marciana, hrsg. von M. Zorzi, Florenz, 1988.

BILLANOVICH, M., unter: *Bordon, Benedetto*, in: *Dizionario Biografico degli Italiani*, XII, Rom, 1970, S. 511-13.

BÖHME, M., *Die grossen Reisesammlungen des 16. Jahrhunderts*, Straßburg, 1904.

BONASERA, F., *Vincenzo Coronelli geografo, cartografo, costruttore di globi, in Il Padre Vincenzo Coronelli nel III Centenario della nascita*, Rom, 1951, S. 39-79.

BONELLI, M.L., *Catalogo dei globi antichi conservati in Italia*, Fasc. II, *I globi di Vincenzo Coronelli*, Florenz, 1960.

BOUCHER DE LA RICHARDERIE, G., *Bibliothèque Universelle des Voyages*, I, Paris, 1808.

BROC, N., *La geografia del Rinascimento*, Ferrara - Modena, 1989.

BURMEISTER, K.H., *Sebastian Münster*, Basel, Stuttgart, 1963.

CAGNETTI, F., unter: *Agnese, Battista*, in: *Dizionario Biografico degli Italiani*, Bd. 1, Rom, 1960, S. 439.

CAM, G.A., *Gerard Mercator: His "Orbis Imago" of 1538*, "Bulletin of New York Public Library", 1937.

CAMPBELL, T., *Portulan Charts from the Late Thirteenth Century to 1500*, in *The History of Cartography*, hrsg. von B. Harley e D. Woodward, I, Chicago, London, 1987.

CARACI, G., *Note critiche sui mappamondi gastaldini*, "Rivista Geografica Italiana", 1936, S. 120-137, 202-223.

COLLETTA, T., *Atlanti di città del Cinquecento*, Neapel, 1984.

COLOMBO, C., *Giornale di bordo*, hrsg. von R. Caddeo, Mailand, 1973.

CORTESAO, A., *Cartografia e cartografos portugueses dos seculos XVI e XVII*, Bd. 2, Lissabon, 1935.

CRINO', S., *L'atlante inedito di Francesco Rosselli e la sua importanza nell'evoluzione cartografica del periodo delle grandi scoperte*, "Comptes Rendus du Congrès International de Géographie", Tome deuxième, Amsterdam, 1938.

CRINO', S., *I planisferi di Francesco Rosselli dell'epoca delle grandi scoperte geografiche. A proposito delle scoperte di nuove carte del cartografo fiorentino*, "La Bibliofilia", XLI (1939), Disp.10.12, S. 383-405.

CRINO', S., *La scoperta della carta originale di Paolo dal Pozzo Toscanelli che servì di guida a Cristoforo Colombo per il viaggio verso il Nuovo Mondo*, "L'Universo", XXII, 1941, S. 32.

CRINO', S., *Documentazione della scoperta della carta originale di Paolo dal Pozzo Toscanelli*, «Rivista Geografica Italiana», XLIX, 1942, S. 35-43.

D'AVEZAC, M., *Note sur une Mappemonde Turke*, «Bulletin de la Société de Géographie», Paris, 1866.

DE FERRARI, A., unter: *Coronelli, Vincenzo*, in: *Dizionario Biografico degli Italiani*, XXIX, Rom, 1983, S. 305-309.

D'ELIA, P.M., *Il mappamondo cinese del P. Matteo Ricci S.I. (terza edizione, Pechino, 1602) conservato presso la Biblioteca Vaticana*, Città del Vaticano, 1938.

DESTOMBES, M., *Mappemondes A.D. 1200-1500*, Amsterdam, 1964.

DILKE, O.A.W., *Greek and Roman Maps*, London, 1985.

DILKE, O.A.W., *The Culmination of Greek Cartography in Ptolemy*, in *The History of Cartography*, hrsg. von J.B. Harley e D. Woodward, I, Chicago, London, 1987, S. 177-200.

FERRO, G., *Storia della geografia e delle esplorazioni*, in *Introduzione allo studio della cultura classica*, Bd. 3, Mailand, 1974.

FERRO, G., Introduzione e commento in *Atlante Nautico e Terrestre, L'Atlante manoscritto della scuola di Battista Agnese conservato a Bergamo*, Bergamo, 1984.

FERRO, G., *Storia delle esplorazioni geografiche*, in *Aspetti e problemi della Geografia*, hrsg. von G. Corna Pellegrini, Bd. 1, Mailand, 1987.

FERRO, G., *Carte nautiche dal Medioevo all'Età Moderna*, Genua, 1992.

FIORINI, M., *Sfere terrestri e sfere celesti di autore italiano oppure fatte o conservate in Italia*, Rom, 1899.

FISCHER, J., *Claudii Ptolemaei Geographiae Codex Urbinas Graecus 82, Tomus prodromus, De Claudii Ptolemaei vita operibus Geographia praesertim eiusque fatis*, Leiden, Leipzig, 1932.

FRATI, C., *La più antica carta dell'isola di S. Domingo (1560)* e *Pietro Martire d'Anghiera*, Florenz, 1921.

GALLOIS, L., *Les Géographes allemands de la Renaissance*, Paris, 1890.

GASPARRINI LEPORACE, T., *Mostra "L'Asia nella cartografia degli Occidentali, (Katalog)*, Venedig, 1954.

GASPARRINI LEPORACE, T., *Il mappamondo di Fra Mauro*, Rom, 1956.

GRANDE, S., *Notizie sulla vita e sulle opere di G. Gastaldi*, Turin, 1902.

GRANDE, S., *Le carte d'America di Giacomo Gastaldi, Contributi alla storia della cartografia del secolo XVI*, Turin, 1905.

GRANDE S., *Le relazioni geografiche fra P.Bembo, G. Fracastoro, G.B. Ramusio e G. Gastaldi*, «Memorie della Società Geografica Italiana», XII, Rom, 1905, S. 93-197.

HARRISSE, H., *Bibliotheca Americana Vetustissima*, New York, 1866-1872.

HARRISSE, H., *The Discovery of North America*, London, Paris, 1892.

HARRISSE, H., *La cartographie verrazanienne*, «Revue de Géographie», Bd. 39, 1896, S. 324-33.

HOFFMANN, G.B., *Cabot to Cartier. Sources for a Historical Ethnography of Northeastern North America, 1497-1500*, Toronto, 1961.

Katalog: della mostra del VI Congresso Geografico Nazionale Italiano, Venedig, 1907.

KEUNING, J., *The History of an Atlas: Mercator / Hondius*, «Imago Mundi», 1947, S. 37-62.

KEUNING, J., *The "Civitates" of Braun and Hogenberg*, «Imago Mundi», 1963, S. 41-44.

KISH, G., *The Cosmographic Hearth: Cordiform Maps of the XVIth. Century*, «Imago Mundi», 1965, S. 13-21.

KISH, G., *La carte, image des civilisations*, Paris, 1980.

KOEMAN, C., *Collections of Maps and Atlases in the Netherlands, their History and Present State*, Leiden, 1961.

KOEMAN, C., *Atlantes Neerlandici*, Amsterdam, 1967-71.

KRETSCHMER, *Die Atlanten des Battista Agnese*, «Zeitschrift der Gesellschaft für Erdkunde zu Berlin», 1896, S. 362-368.

Il Padre Vincenzo Coronelli nel III centenario della nascita, "Miscellanea Francescana", Numero speciale, Roma, 1951.

Libro di Benedetto Bordone, hrsg. von G. De Cesare, Rom, 1988.

MAGNAGHI, A., *L'atlante manoscritto di Battista Agnese nella Biblioteca Reale di Torino*, «Rivista Geografica Italiana», 1908, S. 65-77, 135-48.

MAGNAGHI, A., unter: *Agnese, Battista*, in: *Enciclopedia Italiana*, Bd.1, Rom 1929, S. 898-99.

MAGNAGHI, A., *Il Planisfero del 1523 della Biblioteca del Re in Torino, La prima carta del mondo costruita dopo il viaggio di Magellano*, Florenz, 1929.

MAGRINI P., PICOTTI M., REVELLI P., *Partecipazione italiana alla Mostra Oceanografica Internazionale di Siviglia*, Genua, 1934.

MASOTTI, A., *Sull'opera scientifica di Matteo Ricci*, Mailand, 1952.

Mc. GUIRK, D.L., *Ruysch World Map: Census and Commentary*, «Imago Mundi», 1989, S. 133-41.

MEURER, P.H., *Fontes cartographici orteliani, Das "Theatrum Orbis Terrarum" von Abraham Ortelius und seine Kartenquellen*, Weinheim, 1991.

MENAGE, V.L., *The Map of Hajji Ahmed and its Maker*, "Bulletin of the School of Oriental and African Studies", XXI (1958), S. 291-314.

MILANESI, M., *Tolomeo sostituto, Studi di storia delle conoscenze geografiche nel XVI secolo*, Mailand, 1984.

MILANESI, M., *Introduzione e commento* in *Atlante Nautico di Battista Agnese, 1553*, Venedig, 1990.

MOLLAT DU JOURDIN, M., et al., *Sea Charts of the Early Explorers 13th to 17th Century*, New York, 1984.

NEBENZAHL, *Maps from the Age of Discovery, Columbus to Mercator*, London, 1990.

NORDENSKIÖLD, A., *Facsimile Atlas, to the Early History of Cartography*, Stockholm, 1889.

NUNN, G.E., *The World Maps of Francesco Rosselli*, Philadelphia, 1928.

PAGANI, L., *Una raccolta di carte geografiche del secolo XVI*, «Bergomum», LXXIII, (1979), 1-2, S. 3-67.

PAGANI, L., *L'"Ambraser Atlas", Codice cinquecentesco della Biblioteca Nazionale Austriaca attribuito a Battista Agnese*, in *Ambraser Atlas*, Bergamo, 1980.

PAGANI, L., Introduzione a *Claudii Ptolemaei Cosmographia, Tavole della Geografia di Tolomeo*, Forlì, 1990.

PAGANI, L., Introduzione a *Civitates Orbis Terrarum, Città del Mondo, Europa-Americhe*, Forlì, 1990.

PARSONS, E.J.S., MORRIS, W.F., *Edward Wright and his Work*, «Imago Mundi», 1939.

PASTOREAU, M., *Les Atlas Français, XVIe XVIIe siècles, Répertoire bibliographique et étude*, Paris, 1984.

PENNESI, G., *Pietro Martire de Anghiera e le sue relazioni sulle scoperte oceaniche*, in *Raccolta Colombiana*, Rom, 1894.

PHILLIPS, P.L., LE GEAR, C.E., *A list of Geographical Atlases in the Library of Congress*, Washington, 1909-73.

QUINN, D.B., (hrsg.), *The Hakluyt Handbook*, London, 1974.

RAINERO, R.H., *L'arte della vera navigazione e la sua importanza*, in *Imago et mensura Mundi*, Atti del IX Congr. Internaz. di Studi della Cartografia, hrsg. von C. Clivio Marzoli, Bd. 1, Rom, 1985, S. 107-114.

G.B. RAMUSIO, *Navigazioni e viaggi*, hrsg. von M. Milanesi, Bd. 3, Turin, 1980.

REVELLI, P., *Terre d'America e Archivi d'Italia*, Mailand, 1926.

RICCI, M., *Della entrata della Compagnia di Giesù e christianità della Cina (1609); Antologia ricciana*, mit der Mappamondo Cinese (1602), Mailand, 1983.

The Rosselli Oval Planisphere (1507-1508), San Francisco, 1982.

SABIN, J.A., *Dictionary of Books Relating to America, from the Discovery to the Present Time*, Amsterdam, 1961.

SHIRLEY, R.W., *The Mapping of the World, Early Printed World-Maps, 1472-1700*, London, 1984.

SKELTON, R.A., *Introduction* to BRAUN and HOGENBERG, *Civitates Orbis Terrarum, The Towns of the World, 1572-1618*, Amsterdam, 1965.

SKELTON, R.A., *Introduction to the Facsimile Edition of Benedetto Bordone's Libro ....*, Amsterdam, 1966.

SKELTON, R.A., *Introduction to the Facsimile of the 1511 Venice Edition of Ptolemy's Geographia*, Amsterdam, 1969.

STEVENSON, E.L., *Genoese World-Map, 1457, Facsimile and critical text ...*, New York, 1912.

STEVENSON, E.L., *Terrestrial and Celestial Globes*, New Haven, 1921.

TAVIANI, P.E., *Cristoforo Colombo, La genesi della grande scoperta*, Novara, 1982.

THOMSON, J.O., *History of Ancient Geography*, Cambridge, 1948.

TOOLEY, R.V., *Maps in Italian Atlases of the Sixteenth Century*, «Imago Mundi»,1939, S. 12-47.

TOOLEY, R.V., *Maps and Map-Makers*, London, [1949], 1982.

TUCCI, U., unter: *Atlante*, in: *Enciclopedia* (Einaudi), Bd. 2, Turin, 1977, S. 32-58.

VACCA, G., *Sull'opera geografica del P. Matteo Ricci*, Florenz, 1941.

AA.VV. *Vincenzo Coronelli nel terzo centenario della nascita*, Venedig, 1950.

VIETOR, A., *A Pre-Columbian Map of the World*, «Imago Mundi»,1962.

WAGNER, H.R., *The Manuscript Atlases of Battista Agnese*, "The Papers of the Bibliographical Society of America", 25, 1931, S. 1-110.

WAGNER, H.R., *Additions to the Manuscript Atlases of Battista Agnese*, «Imago Mundi», 1947, S. 28-30.

WALLIS, H., Introduction to VINCENZO CORONELLI, *Libro dei Globi*, Venezia, 1694 (1701) Faks., Amsterdam, 1969.

WAUWERMANS, E., *Histoire de l'école cartographique belge et anversoise du XVIe siècle*, Brüssel, 1895.

WOODWARD, D., *Introductory Notes to Facsimile of Ruisch World Map Published by Speculum Orbis Press*, Chicago, 1983.

WROTH, L.C., *The Voyages of Giovanni da Verrazzano, 1524-1528*, New Haven - London, 1970.

ZORZI, M., *La Libreria di S. Marco*, Mailand, 1987.

ZURLA, P., *Il Mappamondo di Fra Mauro camaldolese*, Venedig, 1808.

Verzeichnis der Karten

KARTENTEIL

CAVRVS
CIRCIVS
ZEPHIRVS
OCCEANVS OCCIDENTALIS
HESPERIVS SINVS
LIBIA INTERIOR
ETHIOPIA INTERIOR
TERRA INCOGNITA
ARABIA FELIX
SINVS BARBARICVS
CIRCVLVS
AVSTER

AQVILO
VVLTVRNVS
EVRVS
CAPRICORNVS
NOTVS
INDICVM
MARE
IPPADVM
PELAGVS
CIRCVLVS EQVINOCTIALIS
CIRCVLVS ZODIACI
MARE PRO
SADVM
TERRA INCOGNITA
Sinus magnus
Sinus gangeticus
Taprobana insula

PTOLEMÄUS, *Weltkarte* (aus: *Cosmographia*, 15. Jhdt.)
(Neapel, Biblioteca Nazionale)

1

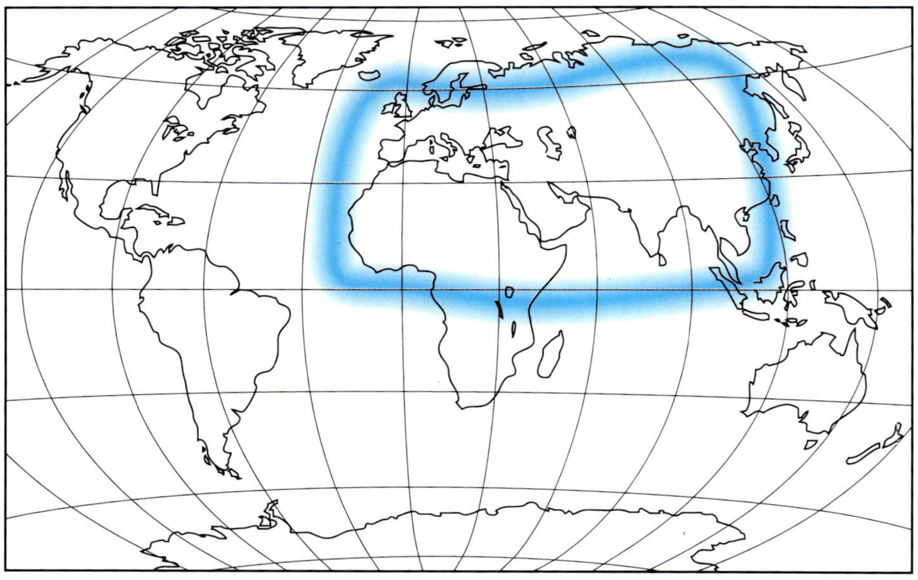

Die Wiederauffindung der "Geographia" des Ptolemäus ist Verdienst des italienischen Humanismus, der im Zuge der Auseinandersetzung mit dem Altertum zahlreiche Manuskripte zu Tage förderte.
Bereits 1406 brachte Jacopo Angelo da Scarperia die Übersetzung dieses Werkes zum Abschluß, wobei er den griechischen Titel zu "Cosmographia" wandelte. Unter diesem Namen verbreitete sich das Werk im 15. Jahrhundert. Um 1415 wurden die Kartentafeln von Francesco di Lapacino und Domenico di Leonardo Boninsegni reproduziert, an die Stelle der griechischen Bezeichnungen traten lateinische. Die Neubewertung des Denkers Ptolemäus brachte mit sich, daß auch seine geographischen Studien weithin Beachtung fanden. Zahlreiche noch heute erhaltene Manuskripte belegen dieses erneuerte Interesse. Ptolemäus gehörte dann im ausgehenden 15. Jahrhundert zu den ersten Autoren, deren Werke durch den Buchdruck einem größeren Publikum zugänglich gemacht wurden.
Die abgebildete Karte, eine Darstellung der bewohnten Erde ("Ökumene"), faßt den geographischen Wissensstand des Altertums zusammen. Enthalten ist sie in einem Handschriftenband im Folioformat, der in der Nationalbibliothek von Neapel aufbewahrt ist (cod. lat. V.F.32). Der Band enthält weder Verfasserangabe noch Jahreszahl des Erscheinens, läßt sich aber Nicolò Germano zuordnen. Der aus Deutschland stammende Kartograph und Miniaturist wurde unter diesem Namen in Italien bekannt, wo er in der 2. Hälfte des 15. Jhdts. tätig war. Datiert wird der Band auf die Zeit vor 1470. Die "Cosmographia" übte großen Einfluß auf die Kartographie der Zeit aus, insbesondere durch die Weltkarte. Widersprüchlicher war ihre Rolle im Zusammenhang der großen Entdeckungsreisen, die sie auch durch ihre falschen Wahrheiten mitbedingte.

Bibl.: FISCHER, 1932; ALMAGIA', 1944; THOMSON, 1948; BAGROW, 1964; DESTOMBES, 1964; FERRO, 1974; MILANESI, 1984; DILKE, 1985; 1987, 177-200; PAGANI, 1990.

FRA MAURO, *Weltkarte*, um 1459
(Venedig, Biblioteca Nazionale Marciana)

2

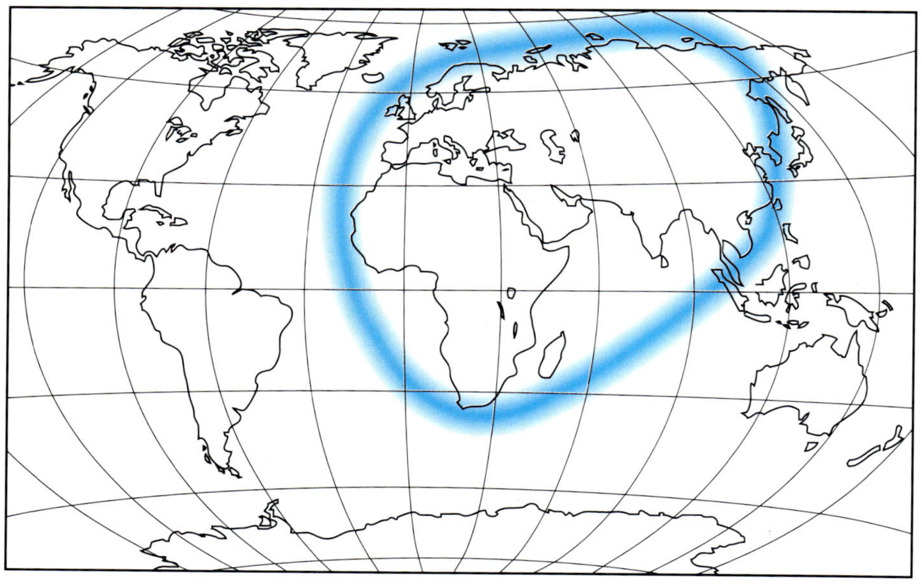

Der Kamaldulensermönch Fra Mauro, der von 1433 bis zu seinem Tod im Jahre 1459 im Kloster San Michele auf Murano bei Venedig lebte, war ein bedeutender Kosmograph seiner Zeit. König Alfons V. und Prinz Heinrich von Portugal wandten sich an ihn, damit er auch für sie Karten im Stil der hier abgebildeten ausführte. Diese gehört auf Grund ihrer Größe und der Reichhaltigkeit der enthaltenen Informationen zu den kartographischen Hauptwerken ihrer Zeit.
In Farbe und Gold auf Pergament gemalt, das auf Holz aufgezogen ist, weist die Weltkarte die Form eines nicht ganz vollkommenen Kreises auf (der größere Durchmesser beträgt 1960 mm), der sich in ein Quadrat der Seitenlänge 2230 mm einfügt. Süden liegt auf der Karte oben. Kreis und Quadrat werden jeweils von einem eleganten vergoldeten Holzrahmen eingefaßt. Die Ecken tragen Erläuterungen kosmographischer Theorien, die durch Abbildungen verdeutlicht werden.
Kartenzeichnung und Illustrationen sind außerordentlich präzis ausgeführt. Die Bedeutung der einzelnen Elemente wird durch eine reichhaltige Symbolik vertieft. Zahlreiche Schriftbänder belehren den Betrachter mit genauen Informationen zu mannigfaltigen Themen.
Das Werk bezieht alle verfügbaren Quellen ein, von den antiken wie der "Geographia" von Ptolemäus über die mittelalterlichen (wie Marco Polo; aber auch die nautischen Karten) bis zu den Berichten zeitgenössischer Reisender.
Mit Recht wird in diesem kartographischen Meisterwerk die "Summa" des geographischen Wissens des Mittelalters gesehen.
Es bewahrt auch noch die Kreisform der mittelalterlichen "mappa mundi" bei. Indem es aber die traditionelle dreiteilige Darstellung der Welt durch Einbeziehung der mittlerweile bekannten Gebiete auf den neuesten Stand bringt, zeigt es in aller Deutlichkeit, wie man die Welt am Vorabend der großen Entdeckungen sah. Beachtlich die den Ereignissen vorausgreifende Wiedergabe Afrikas als Kontinent, der umsegelt werden kann.

Bibl.: ZURLA, 1808; ALMAGIA', 1944, 35-40; BAGROW, 1964; GASPARRINI LEPORACE, 1954, 24-25; 1956; DESTOMBES, 1964, 223-226; ZORZI, 1987, 327, 359; *Biblioteca Marciana*, 1988, 130-131.

2

Weltkarte (sog. Genueser Weltkarte), um 1457
(Florenz, Biblioteca Nazionale)

3

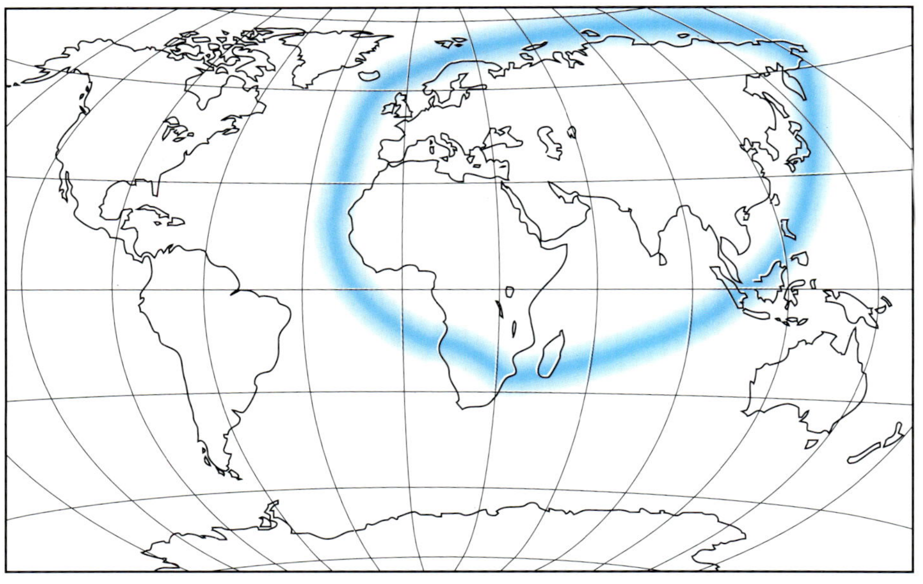

Diese edle kartographische Arbeit, deren Schöpfer unbekannt ist, wird allgemein als "Genueser Weltkarte" bezeichnet. Entstanden ist sie fast im selben Jahr wie die Weltkarte Fra Mauros.
Im Unterschied zu den kreisförmigen mittelalterlichen Karten orientiert sie sich am ptolemäischen Modell: Norden liegt oben, das Festland wird horizontal gestreckt. Inhaltlich ist die Karte auf dem Stand ihrer Zeit: Im Westen schließt die Darstellung mit dem Atlantischen Ozean ab, der Indische Ozean ist nach Süden offen, die Konturen Asiens sind präzise.
Auf Pergament gemalt und fein koloriert, weist die Karte, zu deren Herstellung vier Pergamentblätter zusammengefügt wurden, eine Gesamtgröße von 450 x 820 mm auf. Die Längsachse des Ovals beträgt 410 mm, die Querachse 80 mm. In einem roten Schriftband ein Titel aus goldenen Lettern: "Hec est vera cosmographorum cum marino accordata des(cri)cio quorumdam frivolis naracionibus rejectis, 1457".
Die Darstellung stützt sich auf nautische Karten (verfügbar im Bereich der "regulären" christlichen Seefahrt, vom Schwarzen Meer bis zu den Küsten des Atlantiks), auf die "Geographia" von Ptolemäus, vor allem was die südlichen Teile Asiens betrifft, und die herkömmlichen mittelalterlichen Weltkarten. Aber auch hier wurden aktuelle Informationen mit eingearbeitet, z.B. im Hinblick auf die Küsten Südwestafrikas und Südostasiens (vergl. den Bericht Poggio Bracciolinis über die Reisen des Niccolò de Conti im Indischen Ozean).
In Anlehnung an die Arbeiten Marino di Titos wird die horizontale Ausdehnung der Landmassen gestreckt. Es könnte sich, wie in der historischen Forschung teilweise angenommen wird, um eine Parallele zum Florentiner Kartographen Paolo da Pozzo Toscanelli handeln, der mit seiner Weltkarte die Möglichkeit demonstrieren wollte, den Fernen Osten auf dem Seeweg nach Westen zu erreichen.

Bibl.: STEVENSON, 1912; CRINO', 1941; 1942; DESTOMBES, 1964, 222-223; TAVIANI, 1982, 363-387; FERRO, 1992.

HEINRICH MARTELL, *Weltkarte*, um 1489
(London, British Library)

4

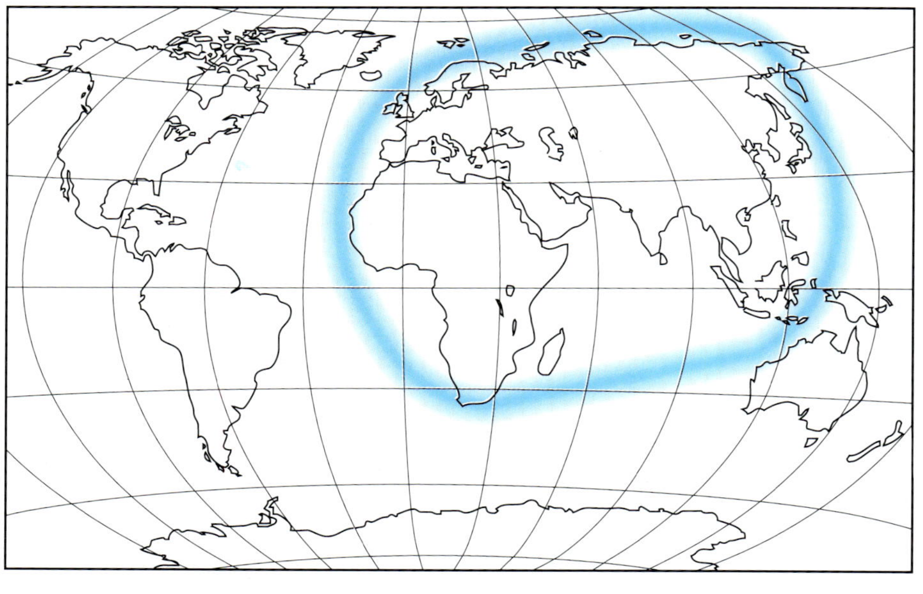

Die Weltkarte des deutschen Kartographen, der in den Jahren 1480 bis 1496 in Florenz arbeitete, präsentiert die Welt, wie sie unmittelbar vor der Entdeckung Amerikas bekannt war.
In lebhaften Farben handgemalt, folgt sie bei einer Größe von 300 x 470 mm dem ptolemäischen Modell. Die Darstellung bestimmter Gebiete ist jedoch neu. Nordeuropa ist präziser artikuliert, die Osterstreckung Asiens, das im Süden an den offenen Indischen Ozean grenzt, beachtlich, Afrika ist reich an Details.
Sehr genau wird der west-und südafrikanische Küstenverlauf angegeben. Der Kartograph konnte sich bereits auf die Berichte von Bartolomeo Diaz stützen, der 1488 das Kap der Guten Hoffnung umsegelt hatte.
Diese Weltkarte liegt noch in anderen Ausgaben vor, u.a. als Druck Francesco Rossellis. Besonders erwähnenswert ist das in der Universität von Yale aufbewahrte Manuskript mit Längen und Breitengraden.
Bei der Vorbereitung seines Unternehmens stützte sich Kolumbus auf eine Karte dieser Art, bei der die bekannten Landmassen im Osten und Westen von Ozeanen umschlossen sind.

Bibl.: VIETOR, 1962; BAGROW, 1964, 106-107; DESTOMBES, 1964, 229-34; CAMPBELL, 1987, 72-74; NEBENZAHL, 1990, 15-17.

3

OCEANVS
MEDITERRANEVM
SINVS
PERSICVS
OCEANVS
INDICVS
MERIDIONAL

4

JUAN DE LA COSA, *Seekarte*, um 1500
(Madrid, Museo Naval)

5

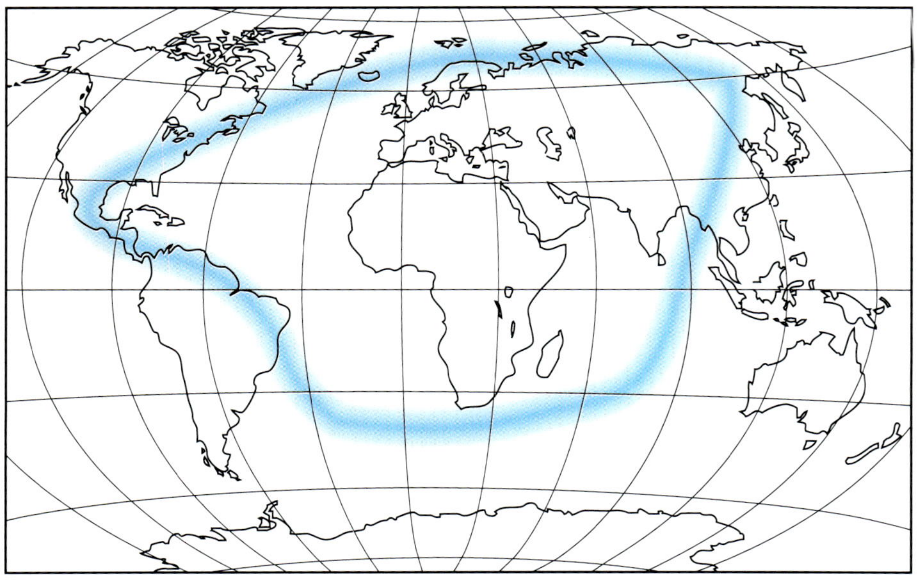

Auf Pergament handgemalt, ist die 960 x 1830 mm große Karte im Endeffekt eine auf den neuesten Stand gebrachte Weltkarte.
Der Blickwinkel hat sich jetzt verändert (und die Position der großen Windrose und die Farbgebung akzentuieren das noch): Außer den alten Kontinenten (prägnant der afrikanische Küstenverlauf, überhaupt der Bereich der "regulären" christlichen Seefahrt) sind die neuentdeckten Gebiete der Neuen Welt abgebildet, unterschiedlich im Maßstab. Es ist die erste Karte, die die Entdeckungen dokumentiert, die Christoph Kolumbus und Giovanni Caboto gelungen waren.
Die Karte trägt Datierung und Signatur im westlichen Teil unter der Figur des hl. Christophorus. Juan de la Cosa war einer der herausragenden Kartographen seiner Zeit und nahm als solcher an der ersten Amerikareise von Kolumbus auf der Santa Maria teil. Auch bei der zweiten Reise von Kolumbus war er dabei. 1499/1500 begleitete er Alonso de Hojeda-Vespucci, 1501 Rodrigo de las Bastidas.
Das kostbare Original, zunächst in Privatbesitz, wurde 1832 durch Alexander von Humboldt aufgefunden. Später wurde es von der spanischen Regierung für das Madrider Nationalmuseum der Seefahrt erworben.

Bibl.: HARRISSE, 1892,412-415; HOFFMANN, 1961,87-97 ; CAMPBELL, 1981, 3; BROC,1989,35; NEBENZAHL,1990,30-33.

FRANCO ROSSELLI, *Weltkarte*, um 1508
(Greenwich, National Maritime Museum)

6

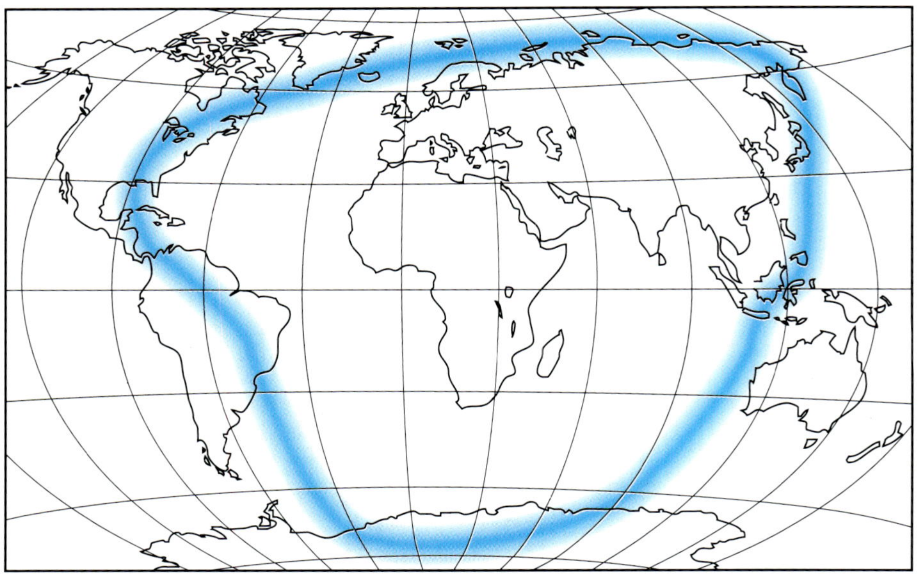

Rossellis elegante Arbeit diente mit ihrer ovalen Anlage zahlreichen Kartographen des 16. Jahrhunderts zum Vorbild. Zu nennen sind Benedetto Bordone, Battista Agnese, Sebastian Münster, Giacomo Gastaldi sowie Abramo Ortelio. Auf Pergament gedruckt und von Hand koloriert, mißt sie 145 x 285 mm.
Der Florentiner Franco Rosselli war in seiner Heimatstadt um die Wende vom 15. zum 16. Jahrhundert als Kartograph und Kupferstecher tätig - in einem historischen Moment großer kultureller Innovation, die mit den Wissenschaften auch die Geographie erfaßte. Er entwarf Giovanni Matteo Contarinis berühmt gewordene Karte mit, die das Verfahren der Kegelprojektion verwendete und 1506 fertiggestellt wurde. Sie ist die älteste derzeit bekannte Karte der Neuen Welt, die im Druck erschien.

Bibl.: NUNN,1928; CRINO',1938,1939; ALMAGIA',1951; EAGROW,1964; *The Rosselli...*,1982; SHIRLEY,1984,17.32-33; NEBENZAHL,1990,56-57.

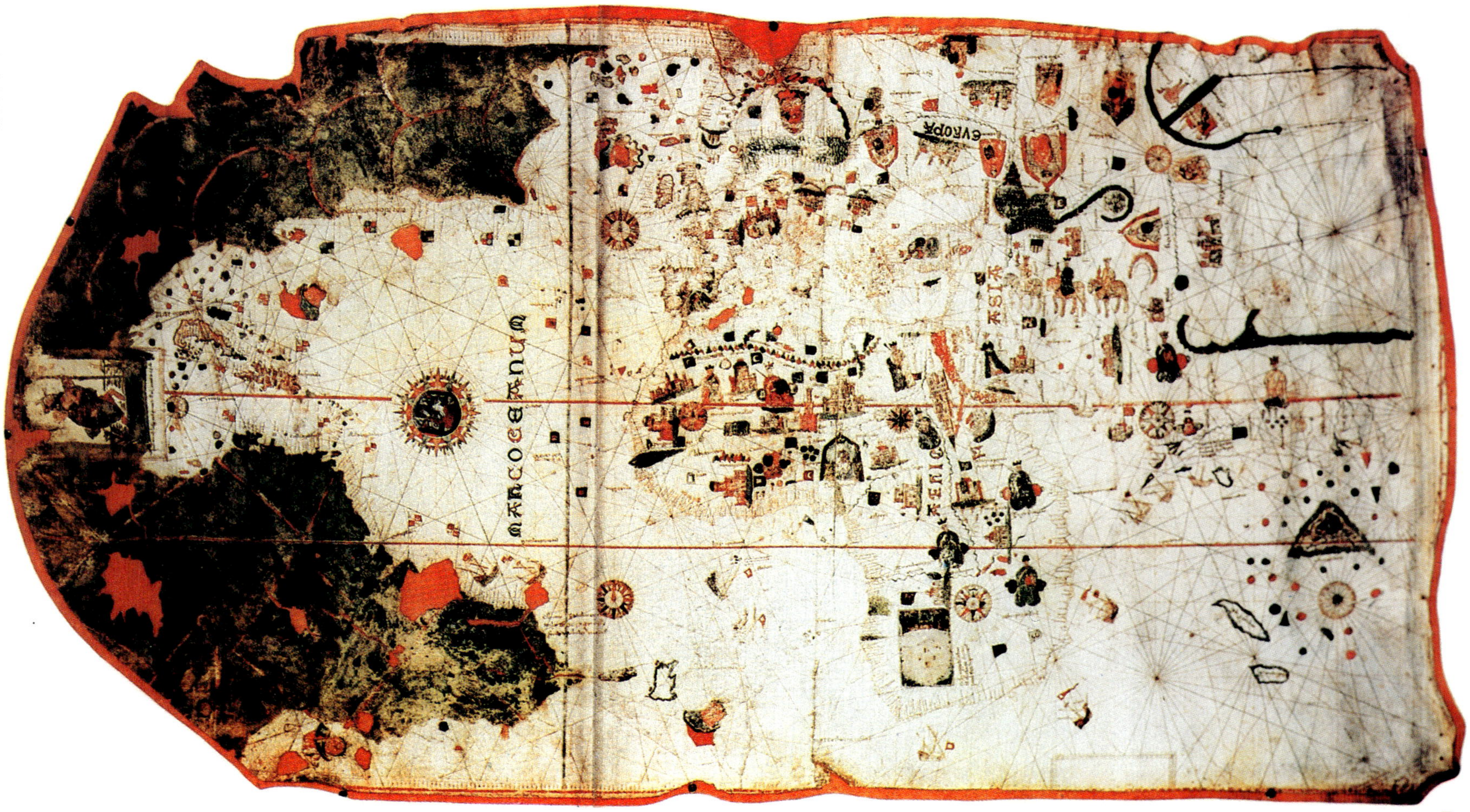

5

6

JOHANN RUYSCH, *Weltkarte*, um 1507
(aus: PTOLEMÄUS, *Geographia*, Rom 1508)

7

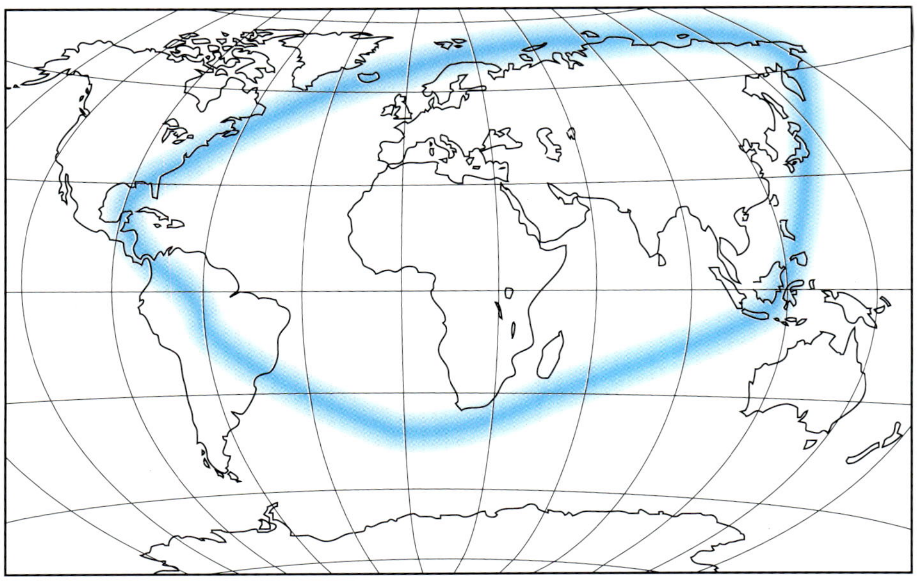

Bereits im 15. Jahrhundert wurden prachtvolle Ausgaben von Ptolemäus "Geographia" samt den dazugehörigen Karten gedruckt, eine Tradition, die im 16. Jahrhundert nicht abreißt.
Wie bereits früher bei den handgeschriebenen Ausgaben wurden dabei die Kartentafeln des Ptolemäus, die die Welt des 2. Jhdts. n. Chr. zeigten, durch neue Karten ergänzt. Auf diesem Weg gelangte man, die neuentdeckten Gebiete einbeziehend, zur Darstellung der neuen "Ökumene".
Die erste Ausgabe der "Geographia", die die durch Kolumbus erlangten Kenntnisse berücksichtigte, war die 1508 in Rom erschienene. Gegenüber der vorausgehenden römischen Ausgabe aus dem Jahr 1490 ist sie um eine neue Weltkarte im Format 405 x 535 mm erweitert: "Universalior cogniti Orbis Tabula ex recentibus confecta observationibus". Die Karte, zu deren Herstellung sich der deutsche Geograph Johann Ruysch wie Giovanni Contarini der Kegelprojektion bediente, schließt den "Mundus Novus" ein. Ihrer Darstellung sind zahlreiche Erläuterungen beigegeben.

Bibl.: HOFFMANN 1961, 64-67; TOOLEY,[1949],1982,6; SHIRLEY, 1984, 25-27; WOODWARD, 1987, 155-56; MILANESI, 1984, 15; BROC, 1989,36; MC. GUIRK, 1989, 133-41; NEBENZAHL 1990, 48-51.

BERNARDO SILVANO, *Weltkarte*, um 1511
(aus: PTOLEMÄUS, *Geographia*, Venedig 1511)

8

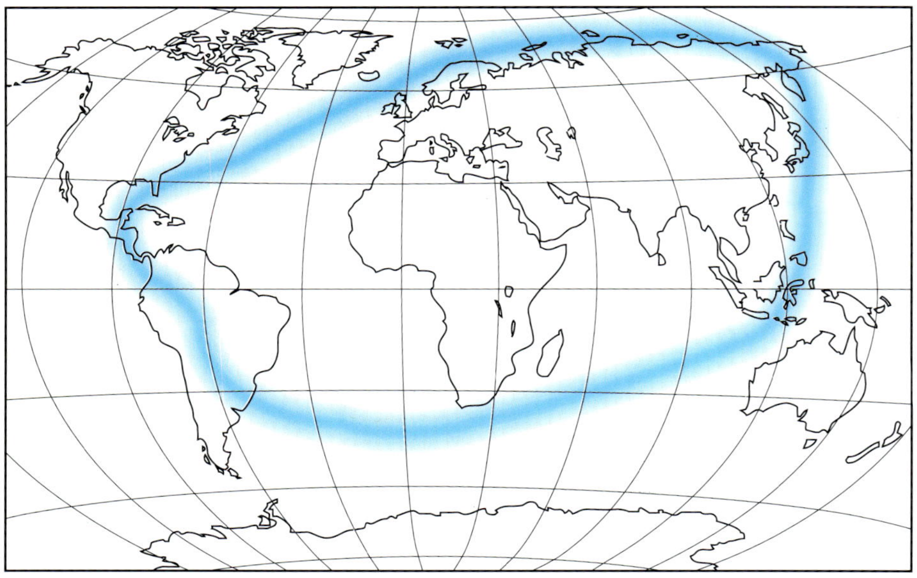

In der Geschichte der "Geographia"-Editionen nimmt die venezianische Ausgabe aus dem Jahr 1511 einen herausragenden Platz ein. Die Welt ist in herzförmiger Projektion abgebildet.
Die Karte mißt 415 x 565 mm, die Namen sind in roten Großbuchstaben gedruckt. Weniger zahlreich im Vergleich zur Arbeit von Johann Ruysch sind die Ortsbezeichnungen.

Bibl.: SKELTON,1969; WOODWARD,1983; SHIRLEY,1984, 34-36.

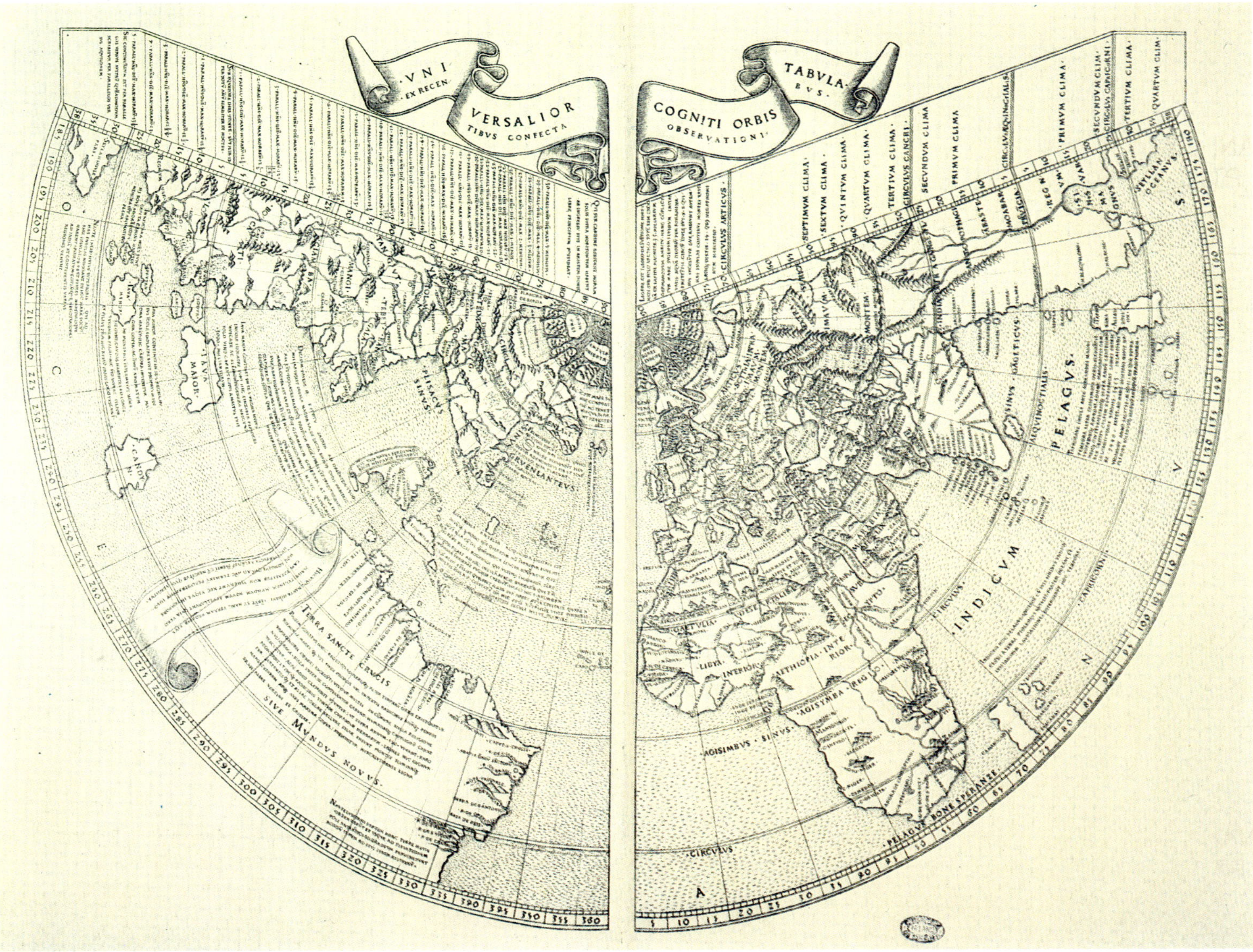
VNI EX RECEN
VERSALIOR TIBVS CONFECTA
TABVLA BVS
COGNITI ORBIS OBSERVATIONI
TERRA SANCTE CRVCIS
SIVE MVNDVS NOVVS
INDICVM
PELAGVS

7

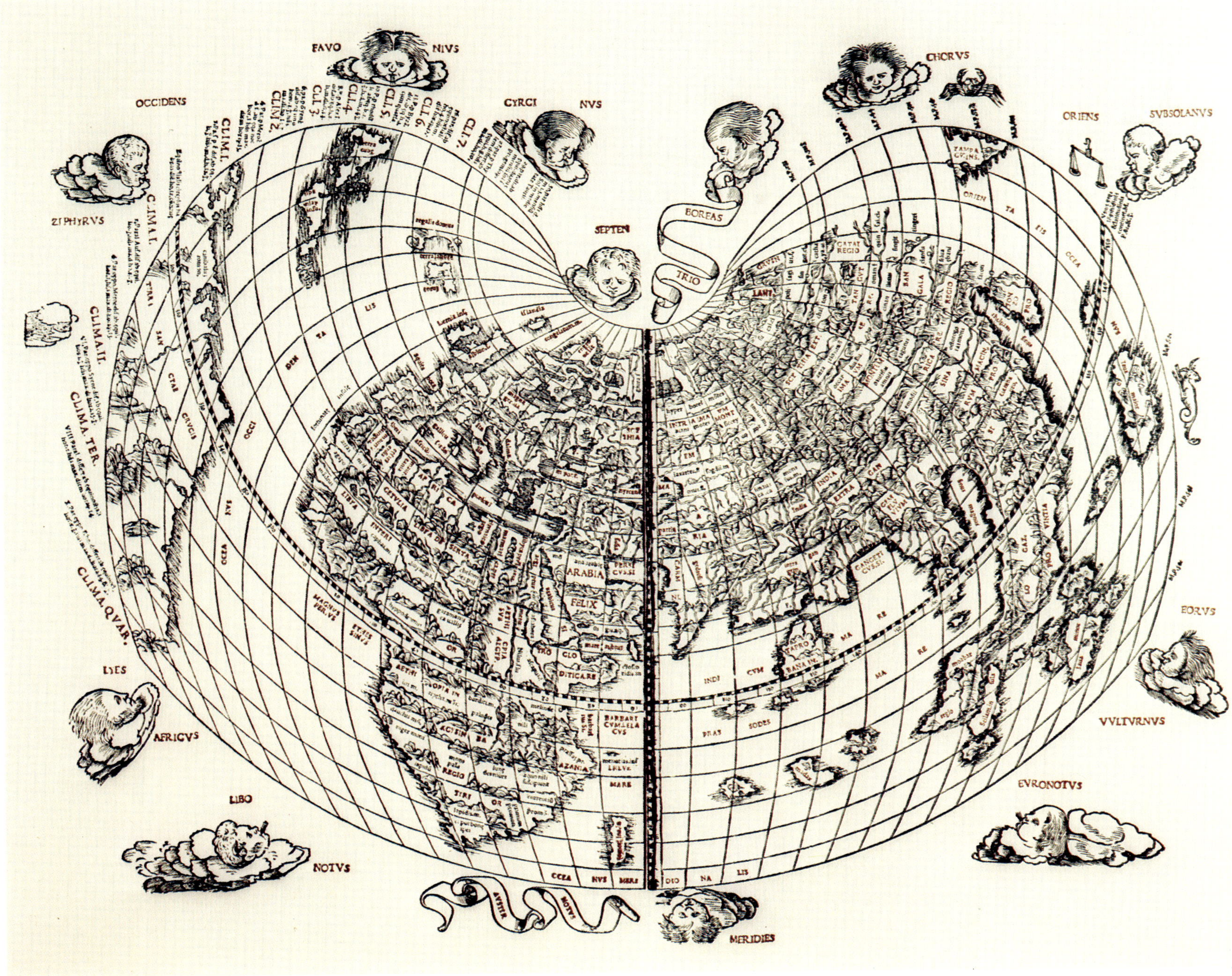
FAVO NIVS
CHORVS
OCCIDENS
CYRCI NVS
ORIENS
SVBSOLANVS
ZIPHYRVS
SEPTEN TRIO
BOREAS
EORVS
LYBS
AFRICVS
VVLTVRNVS
LIBO
NOTVS
EVRONOTVS
MERIDIES
ARABIA FELIX

8

PIETRO MARTIRE DE ANGHIERA, *Länder der Neuen Welt* (aus: P. MARTIRE DE ANCHIERA, *Opera scilicet legationis ...*, Sevilla 1511)

9

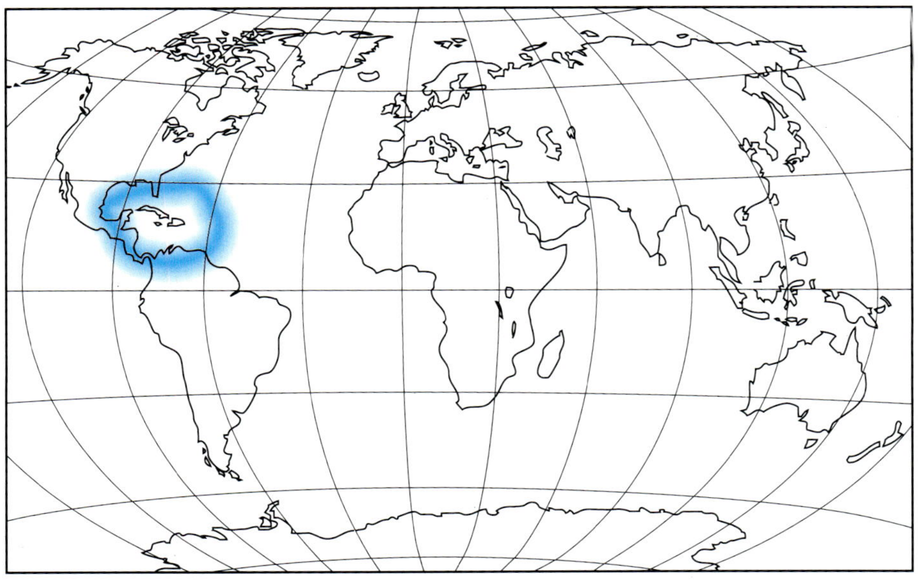

Es handelt sich um eine der ersten gedruckten Karten mit separater Darstellung der neuentdeckten Gebiete der Neuen Welt. Enthalten ist sie in der Ausgabe des ersten Teils des Hauptwerkes von Pietro Martire, das den Titel "Decades de Orbe Novo" trägt und ab 1511 nach und nach in Teilausgaben erschien. Der Autor starb im Jahr 1526; 1530 wurde die erste Gesamtausgabe vorgelegt.

Pietro Martire, 1459 in Arona in der Lombardei geboren, wurde durch den Humanismus geprägt. Eine erfolgreiche diplomatische Laufbahn, zunächst in Italien eingeschlagen, führte ihn 1487 nach Spanien an den Hof des Königs. Ab 1518 gehörte er dem Westindienrat an. Seine Stellung gab ihm die Möglichkeit, die Unternehmungen von Kolumbus aus nächster Nähe mitzuverfolgen. Auch mit den anderen großen Entdeckern der Zeit stand er in Verbindung. Er gehörte zu den bestinformierten Personen seiner Zeit.

Sein Werk "Decades" umspannt 34 Jahre Entdeckungsgeschichte, beginnend mit der ersten Reise des Kolumbus, und zeichnet sich durch Faktentreue und große Erzähkkunst aus.

Bibl.: NORDENSKIÖLD, 1989; PENNESI, 1894; HOFFMAN, 1961, 61-63; NEBENZAHL, 1990, 60-61.

JOHANNES STOBNICZA, *Karte der Neuen Welt* (aus: *Introductio in Ptolemei Cosmographiam,* Krakau 1512)

10

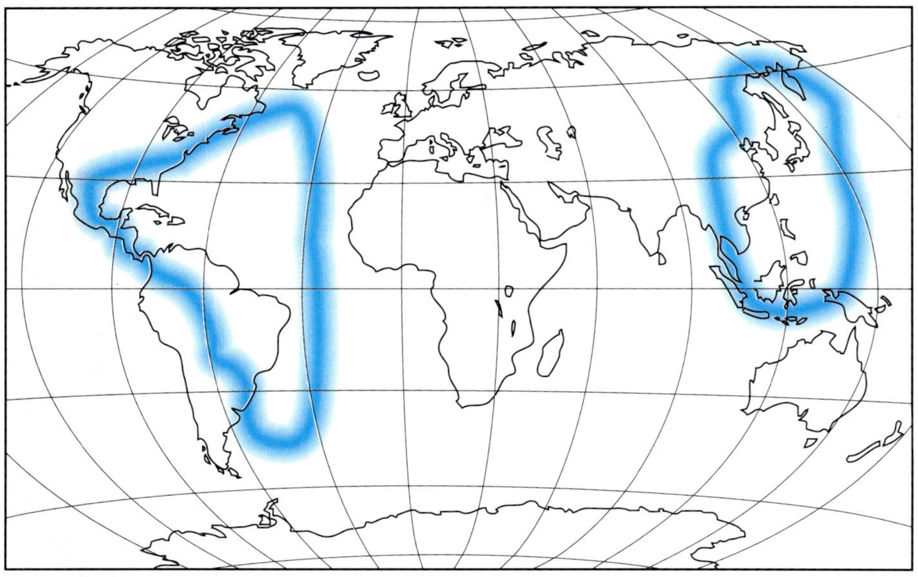

Das Werk Johannes Stobniczas, 1512 in Krakau im Druck erschienen, enthält zwei Kartentafeln, die die östliche bzw. die westliche Hemisphäre darstellen. Inhaltlich sind sie praktisch identisch mit den zwei kartographischen Miniaturen, die Martin Waldseemüller seiner großen Weltkarte von 1507 oben in der Rahmenmitte beigegeben hat.

Die Karte trennt schematisch die Neue von der Alten Welt.

Bis zur Wiederauffindung der Karte Waldseemüllers war sie ein einzigartiges historisches Dokument.

Bibl.: NORDENSKIÖLD, 1889, 68-69; SHIRLEY, 1984, 35-37.

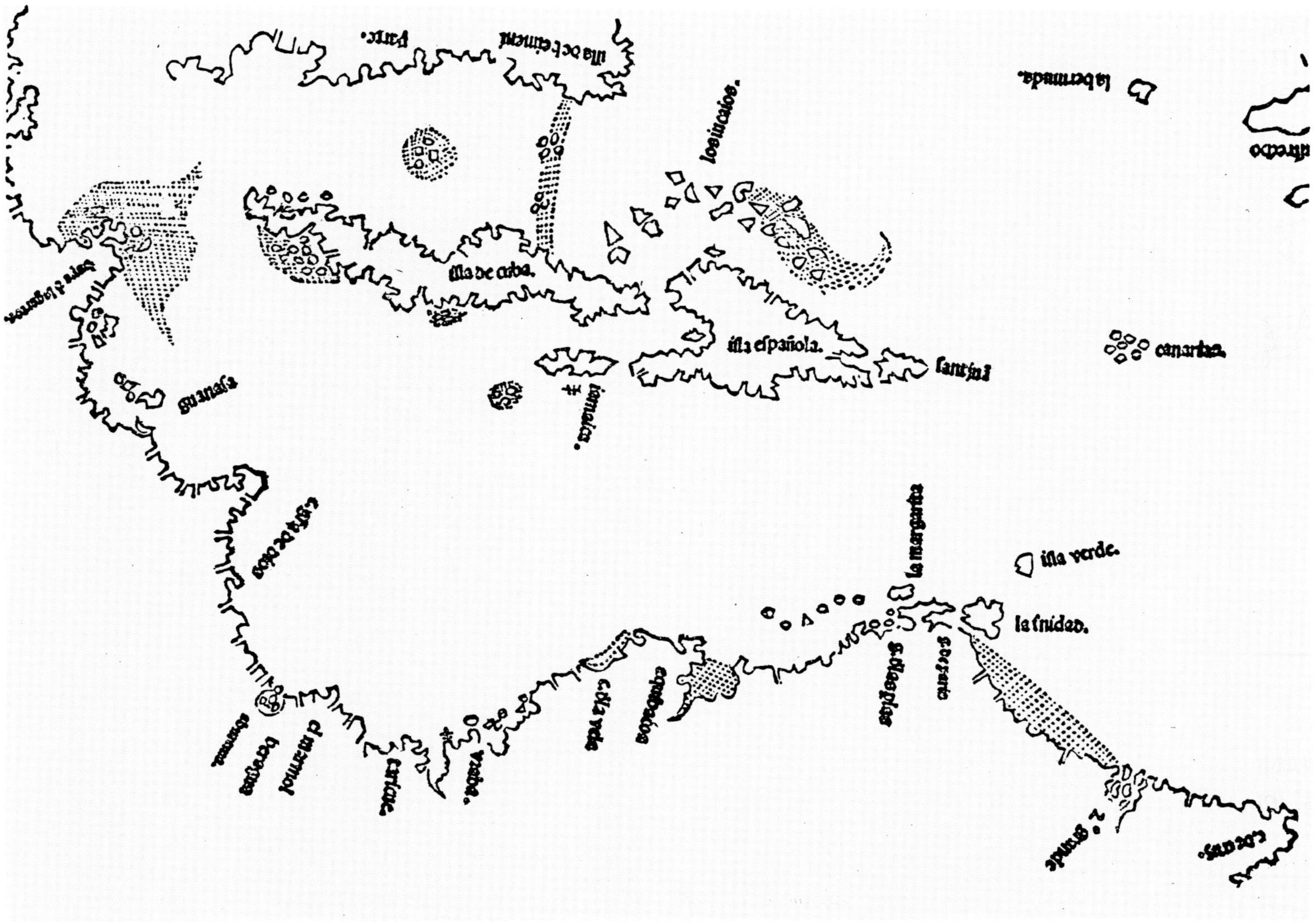
la bermuda
isla de cuba
isla española
jamaica
canarias
isla verde
la margarita
guanasa

9

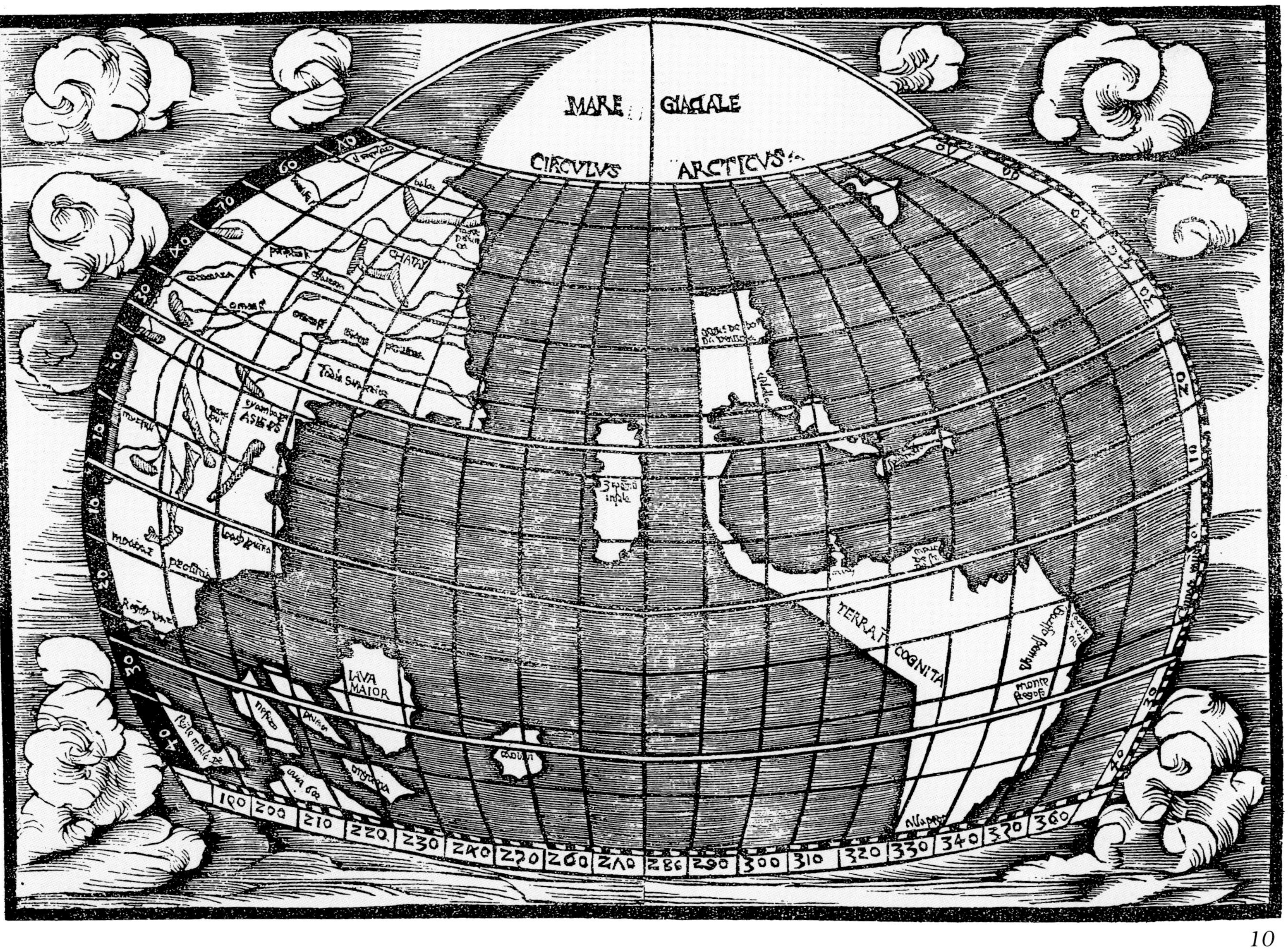
MARE GLACIALE
CIRCULUS ARCTICUS
TERRA COGNITA
IAVA MAIOR

10

BENEDETTO BORDON, *Plan der Stadt Temixtitan*
(aus: *Libro (...) de tutte l'isole del Mondo*, Venedig 1528)

11

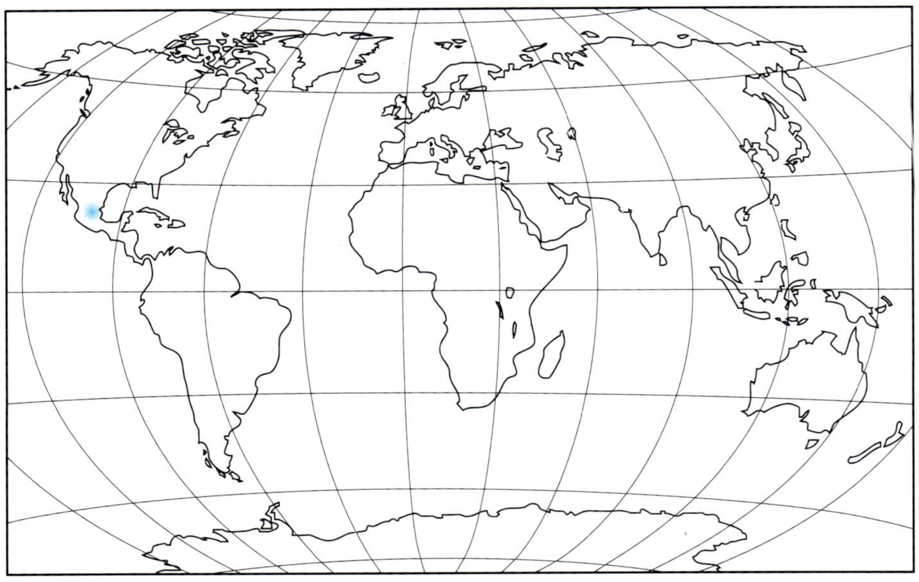

In der italienischen Tradition der Inselhandbücher (genannt seien jenes von Bartolomeo delli Sonetti aus dem Jahr 1485 und die von Camocio und Porcacchi) nimmt Benedetto Bordons Werk, 1528 in Venedig mit einer Widmung für Nicolò d'Aristotile erschienen, einen besonderen Platz ein: ein Buch, das "alle Inseln der Welt beschreibt, ihre alten und neuen Namen nennt, Sagen, Geschichte und Lebensweise erörtert, Klima und geographische Lage angibt."
1450 in Padua geboren, lebte Bordon ab Ende des 15. Jahrhunderts in Venedig. Der vielseitige Geograph wurde auch durch seine Zeichnungen und Miniaturen bekannt, außerdem durch seine Klassikerausgaben. In den letzten Lebensjahren legte er seine gelehrte Abhandlung über die Inseln vor, die deutlich macht, mit welch großem Interesse man in Venedig die neuen großen Entdeckungen mitverfolgte. Das erfolgreiche Werk erlebte Neuauflagen in den Jahren 1534 und 1547.
Die Einleitung enthält eine ovale Weltkarte, die der von Francesco Rosselli entspricht; sie umfaßt die Neue Welt. Hier abgebildet ist der Plan der Stadt Temixtitan in Mexico. Bekannt ist der Plan der Aztekenstadt, der 1524 der lateinischen Ausgabe eines der Cortezbriefe beigegeben wurde. In diesen Briefen erläuterte Cortes Karl V. seine Erfolge bei der Eroberung der Neuen Welt. Die Karte zeigt die Anlage der 1521 von den Spaniern eingenommenen Stadt inmitten eines Sees und gibt die hauptsächlichen Plätze und Gebäude wieder.
Bordons Karte verhehlt ihre Herkunft von diesem Plan nicht, modifiziert ihn aber, indem sie eine Einheitsperspektive zugrundelegt.
Auch das Werk G.B. Ramusios und später noch das Werk "Civitates Orbis Terrarum" orientierten sich bei der Wiedergabe der Aztekenstadt an der Karte von Cortez.

Bilb.: HARRISSE, 1866; NORDENSKIÖLD, 1889, 103-4; ALMAGIA', 1937, 170-86; SKELTON, 1966; SHIRLEY, 1984, 64, 65; BILLANOVICH, 1970, 511-513; *Libro*, 1988; NEBENZAHL, 1990, 74-76.

BENEDETTO BORDON, *Gebiete des Golfs*
(aus: *Libro (...) de tutte l'isole del Mondo,* Venedig 1528)

12-13

Weiten Raum widmet das Werk Bordons der Beschreibung der westindischen Inselwelt. Zunächst heißt es: "Nach eigenem Gutdünken sind die Inseln hinzugefügt, die neuerdings zu Gunsten Spaniens und Portugals entdeckt, worunter eine Laborator genannt. Selbige liegt im westlichen Ozean gen Nord, von Hibernia (Irland, A.d.Ü.) fährt man 1800 Meilen gen West." Dann wird ausgeführt: "Die Provinz, welche Paria genannt, hat zum König Caccichi, und die Einwohner sind alle sehr reich (...). Gen Westen findet man die Provinz Curtana. Selbige ist, wie die andere, an Bevölkerung sehr groß (...). Immer weiter gen Westen fahrend, findet sich die Provinz Canchite, wo die Menschen im Umgang freundlich (...). Zwischen diese zwei gewaltigen Inseln fügt sich die Insel Hispaniola, südwärts von Laborator (...). Viel an Festungswerken hat man für Kolumbus angelegt."
Anschließend heißt es dann: "Jamaika ist 70 Meilen gen Westen von Hispaniola, die Größe übertrifft Sizilien (...). Einwohner hat es, die sind schlauer als in anderen dieser Gegenden; sind von großen Gaben und gern üben sie sich mit Waffen".
Eingefügt in den Text sind Holzschnitte mit präzisen Darstellungen der beschriebenen Gebiete.

Bibl.: Siehe Text zu Tafel 11.

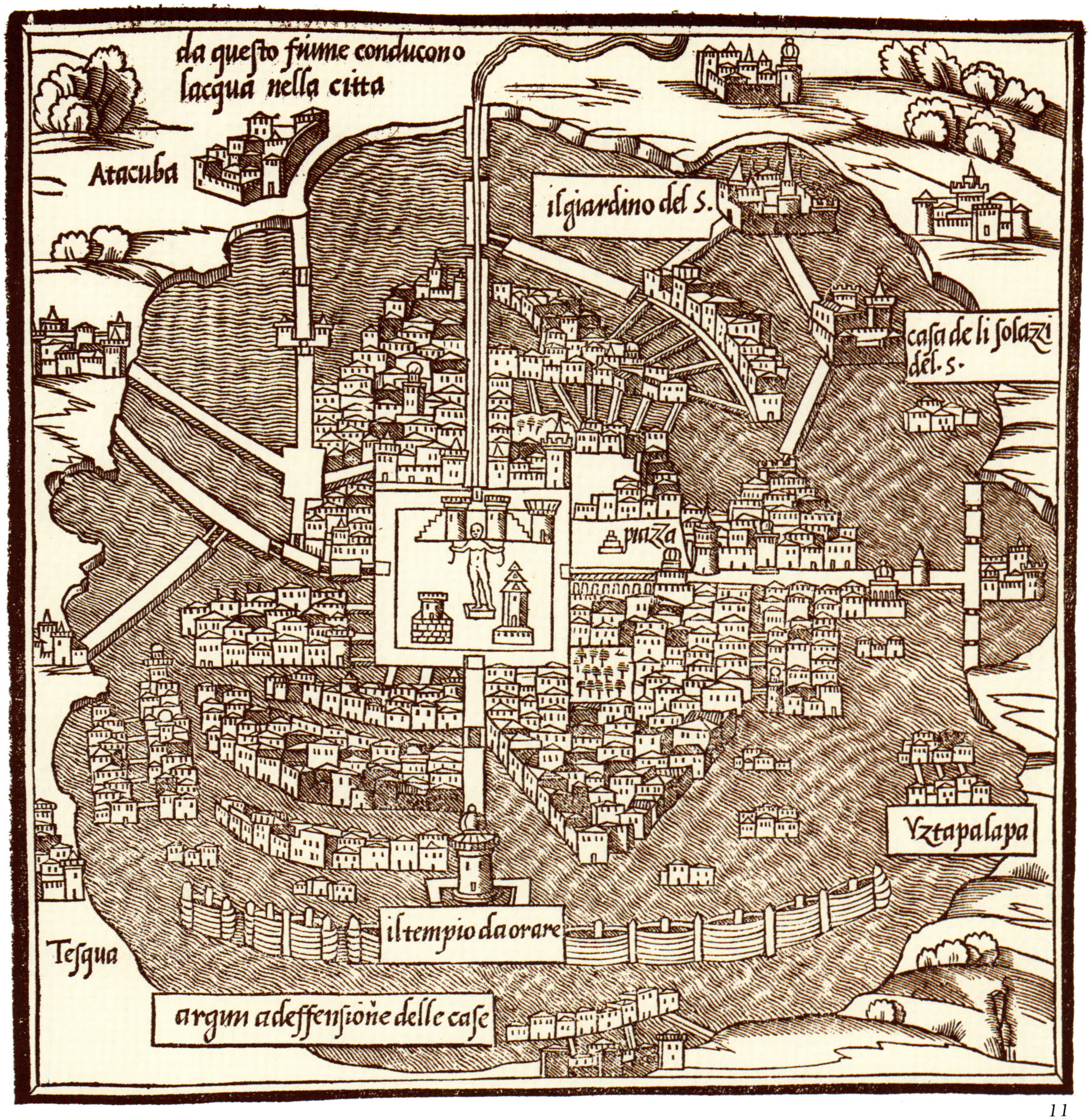

da questo fiume conducono
lacqua nella citta
Atacuba
il giardino del S.
casa de li solazi
del. S.
piaza
Vztapalapa
il tempio da orare
Tesqua
argini a deffensione delle case

11

iamaiqua
spagnola
chanchite
curtana
mazatombal
c. S.
paria

12

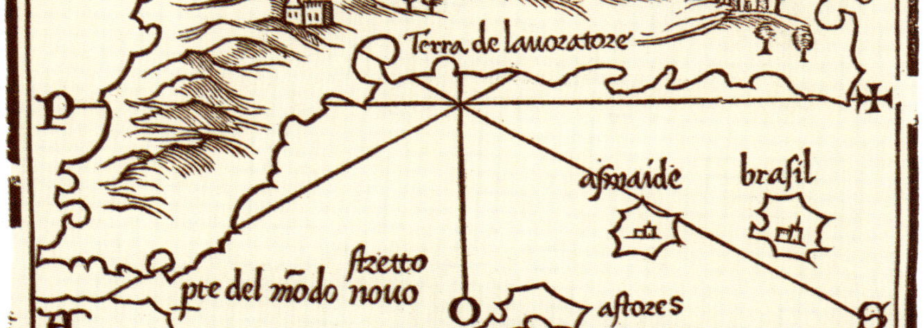

Terra de lauozatoze
asmaide
brasil
strettto
pte del mõdo nouo
astozes

13

CIRCVLVS ARCTICVS
TROPICVS CANCRI
LINEA EQVINOCTIALIS
TROPICVS CAPRICORNI
CIRCVLVS ATARCTICVS
MARE SINAR
NVEVA ESPANA
MAR DEL SVR
CASTILLA DEL ORO
PERV
MVNDVS NOVVS
TIERA DE AYLLON
TIERA DE ESTEVA GOMEZ

Diego Ribero cosmographo de Su magestad: Año de: 1529
OCCEANUS SEPTETRIONALIS
MARE HYPERBOREU
HYPERBOREI MONTES
SARMATIA EUROPE
SARMATIA ASIATICA
GERMANIA
FRANCIA
PONTUS EUXINUS
COLCHIS
SCITHIA INTRA IMAU MOTE
SCITHIA EXTRA IMAU MOTE
HIRCANIA
MEDIA
ARMENIA
MESOPOTAMIA
IA DESERTA
ARACHOSIA
PAROPANISUS
GEDROSIA
INDIA INTRA GAGE
INDIA EXTRA GAGE
SINUS GAGETICUS
MARE MEDITERANEU
MAURITANIA
NUMIDIA
GETULIA
AFRICA
GUINEA
DESERTA LIBE
ETHIOPIA
LIBIA INTERIOR
IUDEA
ARABIA DESERTA
ARABIA PETREA
EGIPT
ETHIOPIA SUB EGIPTO
REGIO ETHIOPU
MARE ETHIOPICUM
SINUS BARBARICUS
PALUDES NILI
MOTES LUNAE
MARE INDICUM
INSULA DIVI LAURETII
PROMOTORIU BONAE SPEI
OCCEANUS MERIDIONALIS
OCCEANUS ORIENTALIS
Tordesillas: Año: de:

DIEGO RIBEIRO, *Weltkarte*, 1529
(Vatikan, Biblioteca Apostolica Vaticana)

14

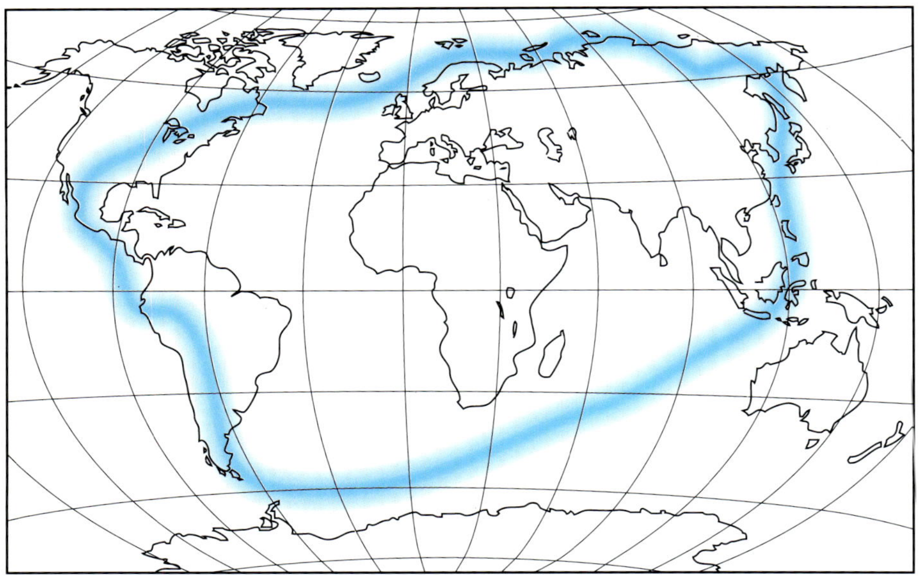

Die neuen Informationen, die die großen Entdeckungsreisen lieferten, wurden von den Geographen des Instituts "Casa de contratacion" in Sevilla gesammelt, um die amtliche Seekarte, die sog. "padron real", stets auf dem laufenden Stand zu halten. Der Portugiese Diego Ribeiro gehörte zu den Geographen, die dieses Projekt betreuten. Er arbeitete auch bei der Vorbereitung der Magellanschen Reise mit.
Die Weltkarte (Biblioteca Apostolica Vaticana, Borg. III) im Format 842 x 1970 mm dürfte direkt nach der Vorlage der "padron real" entstanden sein und ist mithin ein unschätzbares Zeugnis für den Wissensstand der damaligen Zeit. In Form einer Seekarte stellt sie die Welt dar, wie sie bis dahin bekannt war. Bestechend die Genauigkeit, mit der sie sich an den gesicherten Wissensstand hält: Sie vermeidet jeden Hinweis auf die "Terra australis", von der Konkretes nicht bekannt war; der Verlauf der Küsten wird nur insoweit wiedergegeben, als er effektiv erforscht war. Das Ergebnis der Reise Magellans wird bereits mitgeteilt, unter Angabe der Route, der Magellan bei der Umschiffung Südamerikas folgte, samt dem Hinweis auf das Schiff "Vittoria".

Bibl.: HARRISSE, 1892, 569-73; MAGNAGHI, 1929; CORTESAO, 1935, II, 130-37; ALMAGIA', 1944, I, 50-52; MOLLAT DU JOURDIN, n. 37; NEBENZAHL, 1990, 92-95.

GIROLAMO DA VERRAZANO, *Weltkarte*, 1529
(Vatikan, Biblioteca Apostolica Vaticana)

15

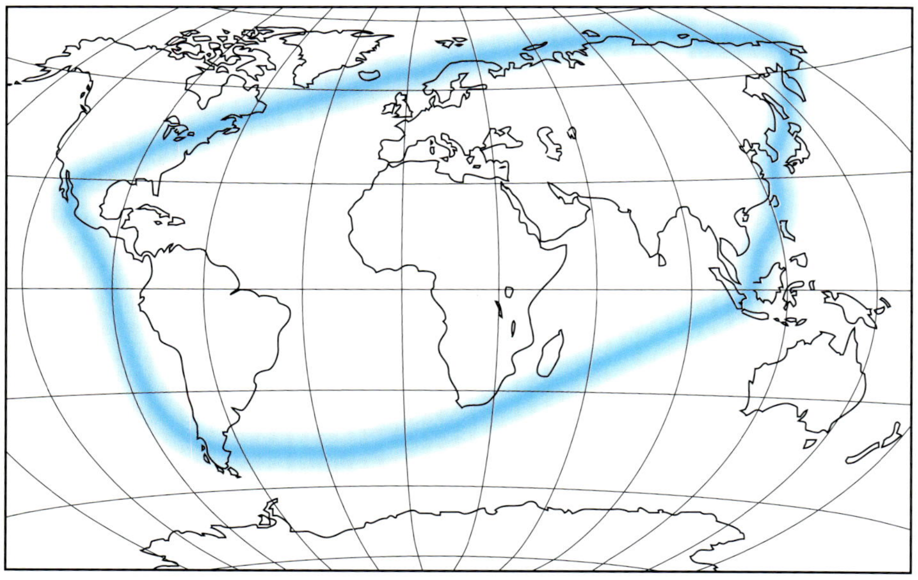

Die große Weltkarte (Biblioteca Apostolica Vaticana, Borg. I; 1300 x 2600 mm) ist auf Pergament gemalt. Sie ist nicht datiert, läßt sich aber aufgrund verschiedener Merkmale dem Jahr 1529 zuordnen, demselben Jahr, in dem die Karte Ribeiros entstand. Angefertigt wurde sie von Gerolamo da Verrazano, Bruder des berühmten Florentiner Seefahrers Giovanni da Verrazano und bei dessen zweiter Amerikareise dabei.
Auch hier wurde für die Darstellung der Welt die Form der Seekarte gewählt, im Unterschied zum Werk Ribeiros sind die Küsten der Neuen Welt aber fast komplett verzeichnet. In vielen Fällen handelte es sich um den vermuteten Küstenverlauf. An zahlreichen Stellen trägt die Karte den Vermerk "Terra incognita" und enthält sich der weiteren Benennung. Neu der Beitrag der Karte bei der Darstellung und Benennung der nördlich Floridas gelegenen Gebiete, die ja von Giovanni da Verrazano erforscht wurden. Die Verwandtschaft mit der amtlichen Seekarte "padron real" ist auch hier zu erkennen.

Bibl.: HARRISSE, 1896, 324-33; ALMAGIA', 1944, 53-55; WROTH, 1970.

Weltkarte, um 1530
(Vatikan, Biblioteca Apostolica Vaticana)

16

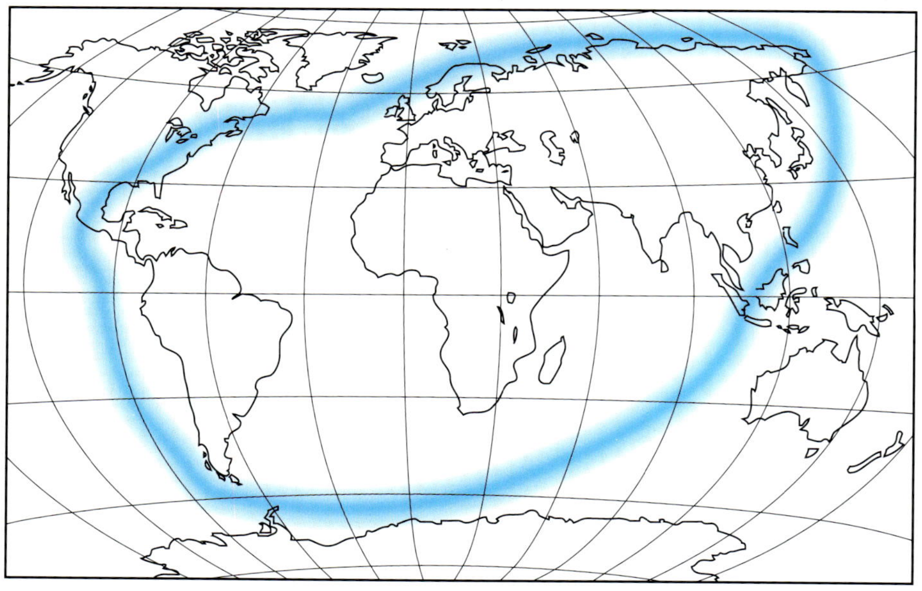

Die Weltkarte unbekannter Herkunft wird auf die Zeit um das Jahr 1530 datiert. Sie ist in einem Handschriftenband aus dem 15. Jahrhundert enthalten (Biblioteca Apostolica Vaticana, Urb. Lat. 274, f. 73v. und 74r), Format 375 x 590 mm.
In Ovalprojektion mit geraden Breiten- und gekrümmten Längengraden ausgeführt, bietet sie reiche Information auch zum Innern der Kontinente, indem sie ptolemäische, mittelalterliche und neuzeitliche Elemente kombiniert. Letztere betreffen hauptsächlich Nordeuropa und die Neue Welt.
Bemerkenswert Form und Verlauf, die dem vermuteten Südkontinent gegeben werden: Er windet sich um die gesamte Südhalbkugel herum, ohne den Pol zu berühren.

Bibl.: ALMAGIA', 1944, 58-59; FISCHER, 1932 I, 352-356; II, 101-102.

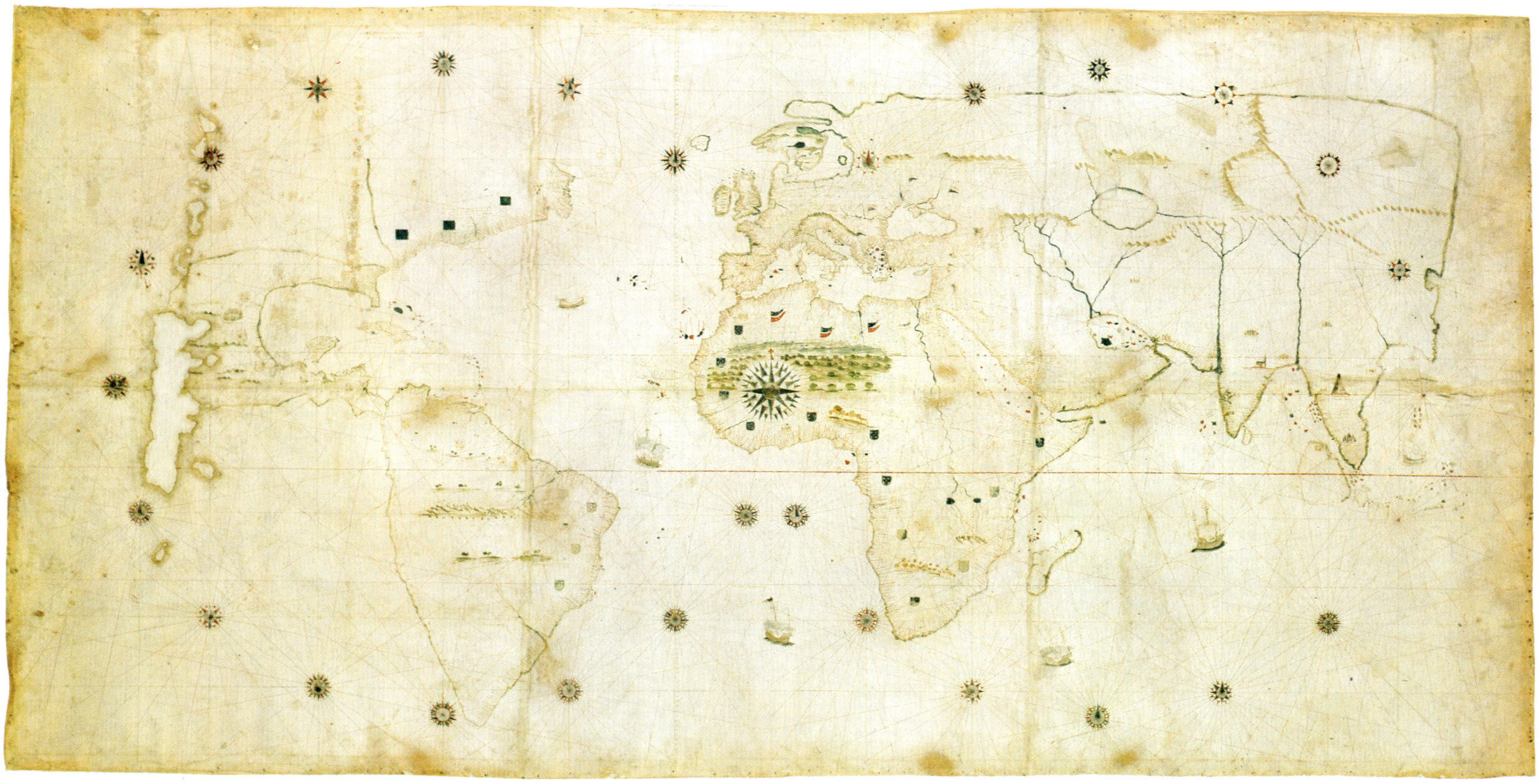

15

16

BATTISTA AGNESE (zugeschr.), *Weltkarte,* um 1550
(Nationalbibliothek Wien)

17

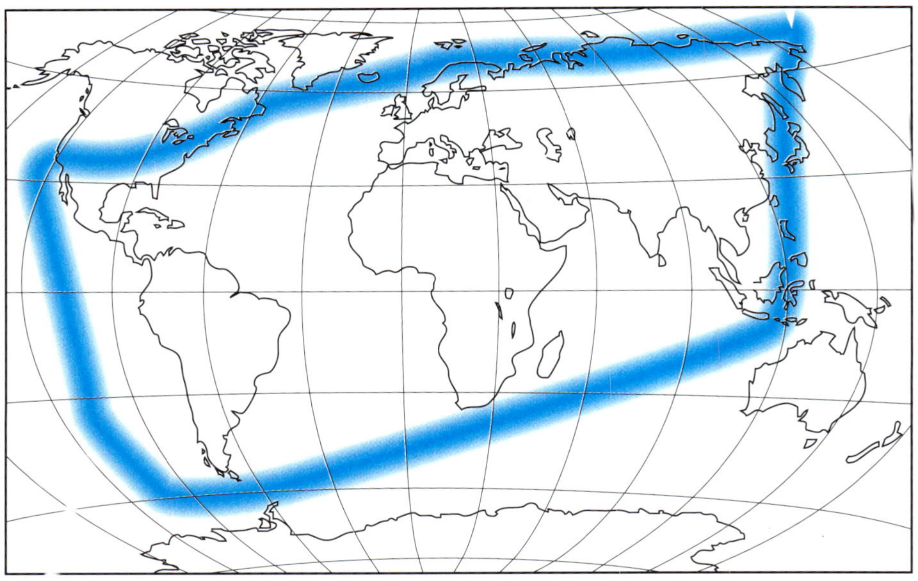

Von Battista Agnese, dem Genueser Kartographen, der seine Haupttätigkeit aber in Venedig entfaltete, wo vermutlich eine ganze Werkstatt für ihn arbeitete, ist uns eine umfangreiche Produktion von Atlanten erhalten geblieben, zum Teil außerordentlich luxuriös ausgeführt.
Eine Reihe der Werke trägt nicht seinen Namen, kann ihm aber mit großer Sicherheit zugeschrieben werden. Wagner unterscheidet eine frühere, bis 1541 reichende Periode, die dadurch gekennzeichnet ist, daß Amerika ohne die kalifornische Halbinsel dargestellt wird, von einer späteren mit entsprechend vervollständigten Karten.
Die abgebildeten Karten sind aus dem Ambraser Atlas, einem kostbaren handgemalten Werk, das Agnese zugeschrieben und auf die Zeit um 1550 datiert wird (Nationalbibliothek Wien, Ser. n. 2630).
Es steht in der Tradition der auch künstlerisch interessanten Luxusatlanten für ein hochgestelltes Publikum, die zusammen mit den Kartendrucken das Wissen um die neue "Ökumene" verbreiten halfen und die einzelnen Länder und jüngsten Entdeckungen bekannt machten.
Die ovale Weltkarte (Blatt 14v. und 15r., 193 x 295 mm) ist auf Pergament gemalt und vereinigt den Inhalt der anderen im Atlas enthaltenen Kartentafeln, nicht erforschte Gebiete bleiben undefiniert. Hervorzuheben die Schlangenlinie, die die Reise Magellans ("el viazo per andar ale Maluche" und "el tornar dale Maluche") und den "viazo del Perù" bezeichnet. Im Gebiet der Alten Welt gehen ptolemäische und neuzeitliche Bezeichnungen durcheinander. Außerhalb des Ovals eine Darstellung der Zwölf Winde samt ihren Namen aus dem Altertum.

Bibl.: HARRISSE, 1892, 626-30, KRETSCHMER, 1896; MAGNAGHI, 1908; 1929; WAGNER, 1931; 1947; ALMAGIA', 1944, 62-71; CAGNETTI, 1960, 439; PAGANI, 1980; MILANESI, 1990.

BATTISTA AGNESE (zugeschr.) *Der atlantische Ozean und die Kontinente, die ihn umgeben,* um 1550
(Nationalbibliothek Wien)

18

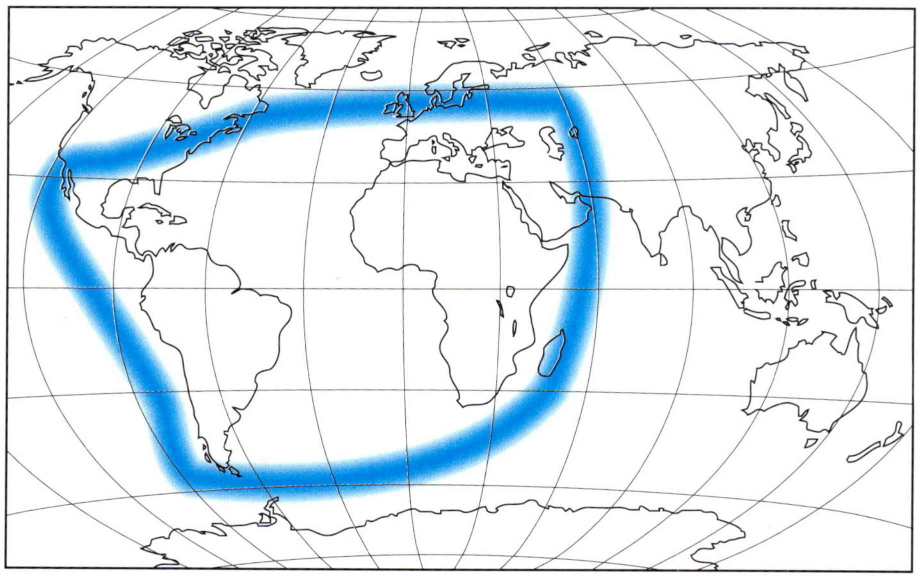

Aufgrund des Ausschnitts, den die Karte wählt, nimmt sie in dem bei Agnese typischen System, die Welt in drei Teilkarten zu präsentieren, den mittleren Platz ein.
Weit nach Norden und Süden reichend der Verlauf der amerikanischen Atlantikküste, im Süden über die Magellanstraße hinaus; bei der Darstellung der Pazifikküste bleibt ein langes Stück ausgespart (wie auch in Kartentafel 17). Deutlich angegeben werden der Rio de la Plata und der Endverlauf des Amazonas. Da es sich um eine Seekarte handelt, enthält sie über die Küstenlinien hinaus nur vereinzelte kartographische Angaben (vgl. die Stadt Mexiko im nördlichen Teil und einige Berge und eine Baumgruppe, Symbol für Wälder, im südlichen). Zahlreich dagegen die Namen an den Küsten, die blau profiliert sind. Die Windrose befindet sich im Zentrum, die Maßstabangabe ist in der linken unteren Ecke schräg angebracht. Der Einfluß der Weltkarte Diego Ribeiros von 1529 (Tafel 14) ist unverkennbar.

Bibl.: Vgl. Text zu Tafel 17.

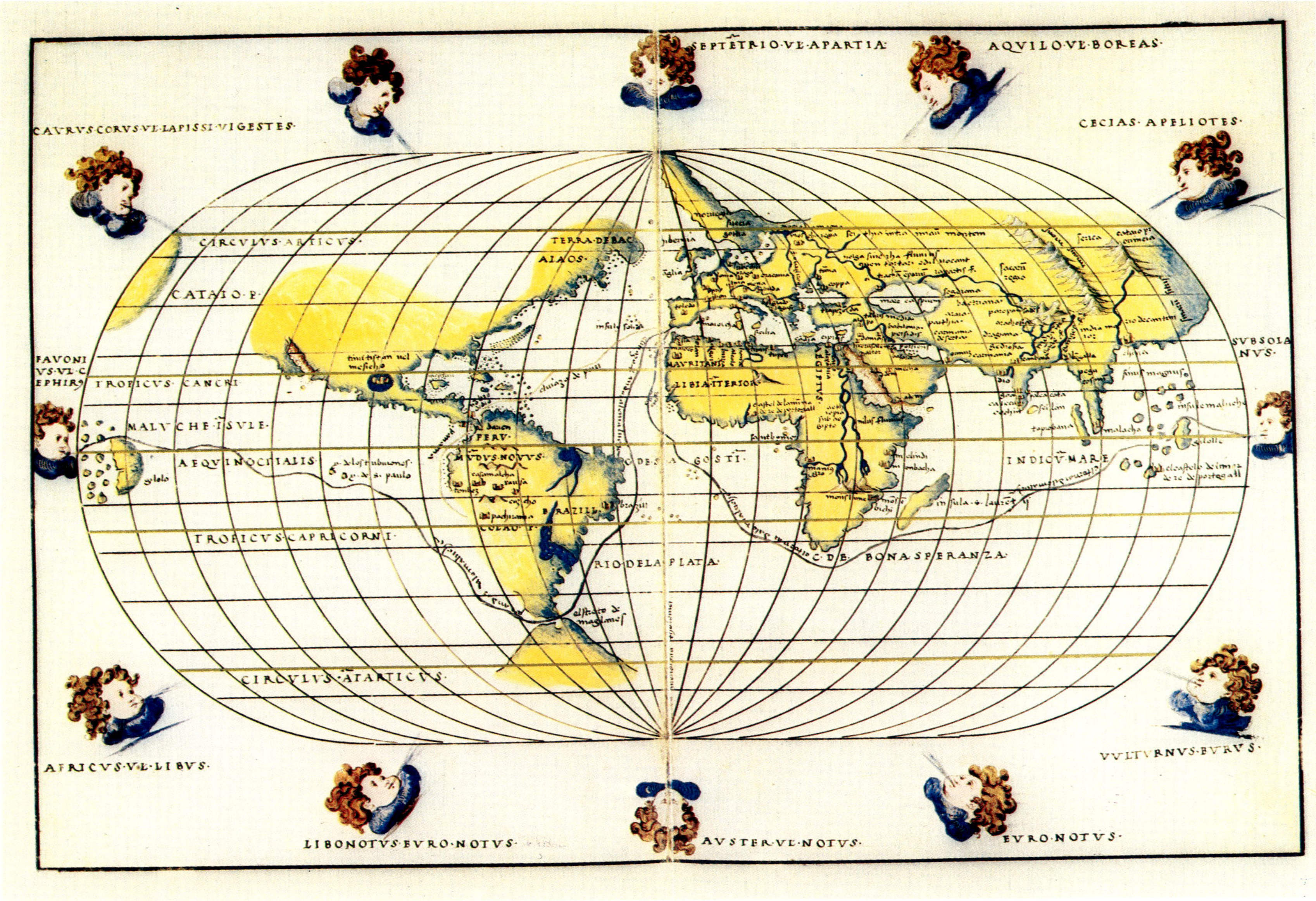
SEPTETRIO·VE·APARTIA·
AQVILO·VE·BOREAS·
CAVRVS·CORVS·VE·IAPISSI·VIGESTES·
CECIAS·APELIOTES·
FAVONI VS·VE·C EPHIRVS
SVBSOLA NVS·
CIRCVLVS·ARTICVS
CATAIO·P·
TERRA·DEBACALAOS
TROPICVS·CANCRI
MALVCHE·ISVLE·
AEQVINOCTIALIS
PERV
MVDVS·NOVVS·
MAVRITANIA
LIBIA·ITERIOR
C·DE·S·AGOSTI·
INDICV·MARE
TROPICVS·CAPRICORNI·
RIO·DELA·PLATA·
C·DE·BONA·SPERANZA·
CIRCVLVS·ATARTICVS·
AFRICVS·VE·LIBVS·
VVLTVRNVS·EVRVS·
LIBONOTVS·EVRO·NOTVS·
AVSTER·VE·NOTVS·
EVRO·NOTVS·

17

MEDIA·
MAVRITANIA TINGITANA·
AEGIPTVS·
LIBIA·
AETHIOPIA·SVB AEGIPTO·
TROPICVS·CANCRI
AEQVINOCTIALIS·
PERV·P
MVDVS·NOVVS
C·DE·S·AGOSTIN
TERRA·DEBRAZIL
COLAO·PROVITIA·
TROPICVS·CAPRICORNI·
INSVLA·S·LAVRETII·
RIO·DELA·PLATA·
C·DE·BONA·SPERANZA·

18

BATTISTA AGNESE (zugeschr.) *Neu-Spanien und Mexiko,* nach 1554 (?) (Bergamo, Biblioteca Civica)

19

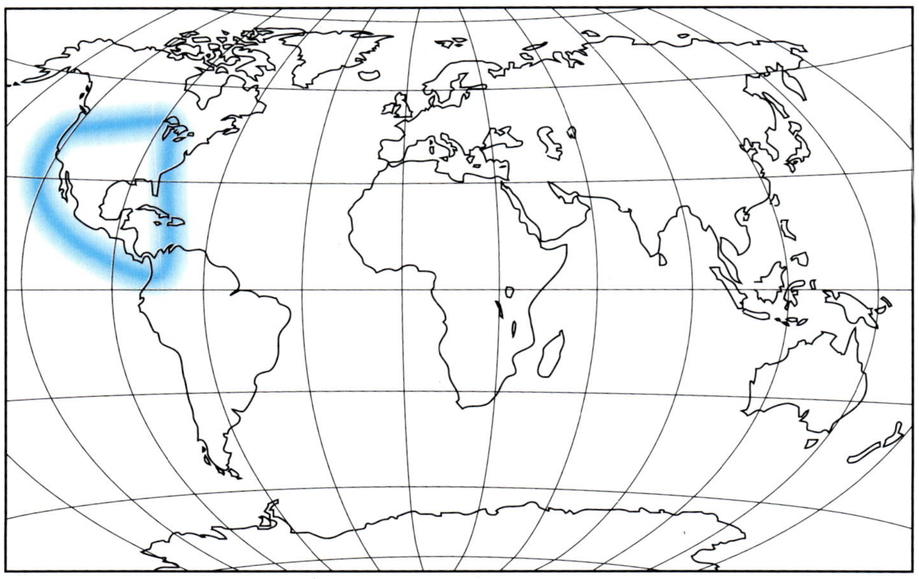

Die Atlanten, die Agneses Namen tragen oder ihm zugeschrieben werden, weisen bei allen Gemeinsamkeiten erhebliche Unterschiede in der Zahl und der Art der Karten auf. Während manche Atlanten fast ausschließlich nautischer Natur sind, wechseln andere Seekarten und Landkarten miteinander ab. Die Auswahl des Materials folgt mannigfaltigen Gesichtspunkten, der Maßstab der Darstellung variiert. Was die Werke verbindet, ist der einheitliche graphische Stil.
Die abgebildete Karte (Format 304 x 442 mm) ist in einem Agnese zugeschriebenen Atlas enthalten (Bergamo, Biblioteca Civica, Manuskript Nr. MA 557, ehem. Delta 9,7), der unvollendet geblieben ist. Man beachte die Lücken des Kartennetzes und die Darstellung der Inseln nur dem Umriß nach; unvollendet wahrscheinlich auch die lockere gelb-grüne Farbgebung der Landgebiete.

Bibl.: HARRISSE, 1892; KRETSCHMER, 1896; MAGNAGHI, 1908; WAGNER, 1931; 1947; BAGROW, 1964; FERRO, 1984; MILANESI, 1990.

BATTISTA AGNESE (zugeschr.) *Südamerika,* nach 1554 (?) (Bergamo, Biblioteca Civica)

20

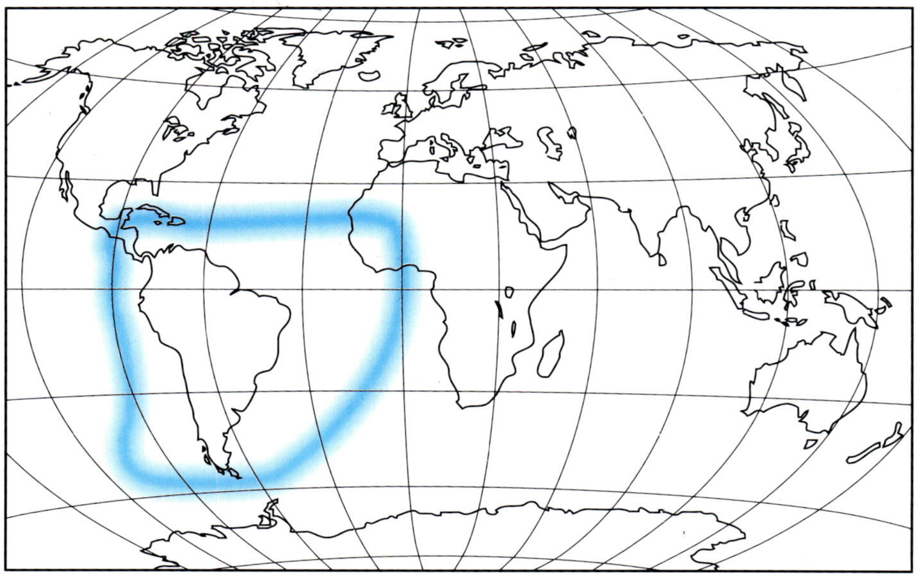

Die Karte gehört demselben Atlas an wie die auf Tafel 19 abgebildete. Südamerika wird nunmehr mit komplettem Küstenverlauf dargestellt. Die in dem Atlas auch enthaltene dreiteilige Weltkarte gibt die südamerikanische Pazifikküste dagegen noch unvollständig an, entsprechend der überwiegenden kartographischen Praxis.
Das Kartennetz ist vollständig ausgeführt, auch der Äquator erhielt Gradangaben. Besonders deutlich auch auf dieser Karte der Amazonas.

Bibl;: Vgl. Text zu Tafel 19.

MERCATOR, *Weltkarte,* 1538 (New York, American Geographical Society)

21

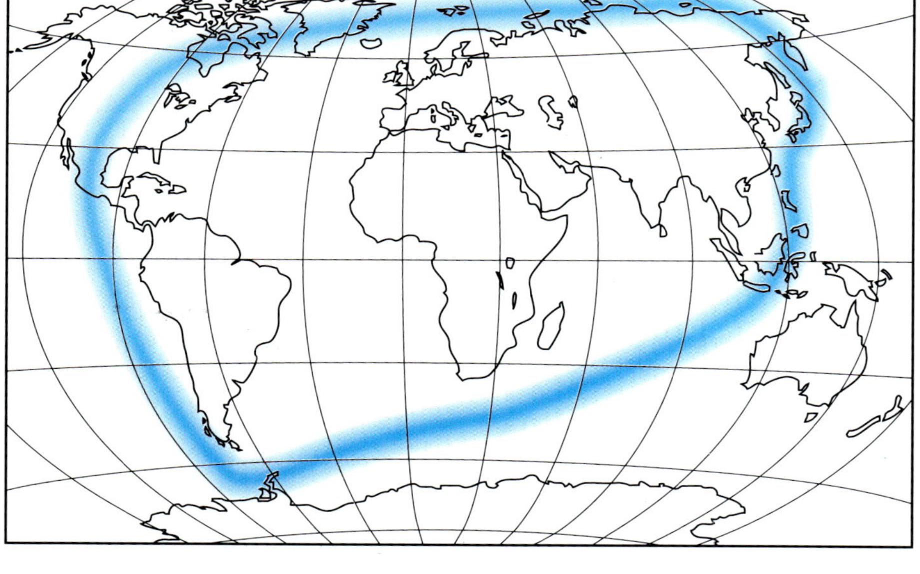

Gerhard Kremer (Mercator), der von 1512 bis 1594 lebte, unterzog sich an der Universität von Löwen bei Gemma Frisius philosophischen und mathematischen Studien und bildete sich in der Herstellung von astronomischen Instrumenten wie Astrolabien und Armillarsphären sowie im Kupferstich aus. Als Kartograph ereichte er Weltgeltung. Sein Schaffen fällt in die Zeit, in der man daran ging, die neugewonnenen geographischen Kenntnisse systematisch aufzuarbeiten. Grundlegend war sein Beitrag auf dem Gebiet der Kartenprojektion, speziell der winkeltreuen Zylinderprojektion. Von seinem Werk ist, neben verschiedenen Karten der Welt und ihrer Hauptteile, vor allem der 1602 postum erschienene "Atlas" zu nennen. Die wiedergegebene Weltkarte (Kupferstich; 350 x 540 mm), die von 1538 stammt und noch herzförmige Projektion verwendet, gehört zu Mercators ersten kartographischen Arbeiten und geht offensichtlich auf die Weltkarte von Orontio Fineo aus dem Jahr 1631 zurück. Sie wendet den Namen "Amerika" sowohl auf den südlichen als auch den nördlichen Teil der Neuen Welt an, der als eigener, von Asien abgehobener Erdteil erscheint.

Bibl.: NORDENSKIOLD, 1889, CAM, 1937; KISH, 1965, 13-21; TOOLEY, [1949] 1982, 31-32; SHIRLEY, 1984, 83-84; BROC, 1989, 113-117.

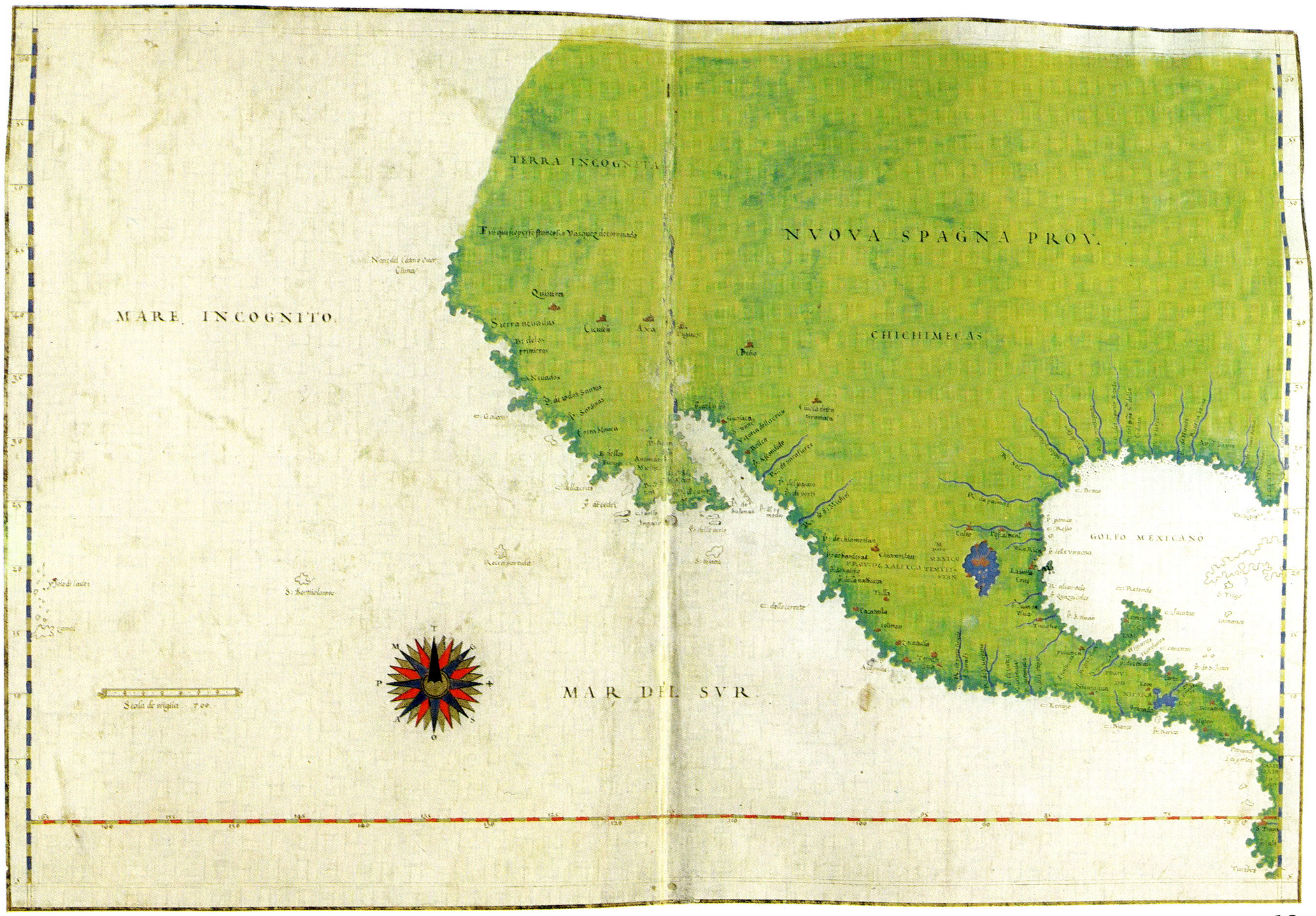
TERRA INCOGNITA
NVOVA SPAGNA PROV.
MARE INCOGNITO
CHICHIMECAS
GOLFO MEXICANO
MAR DEL SVR

19

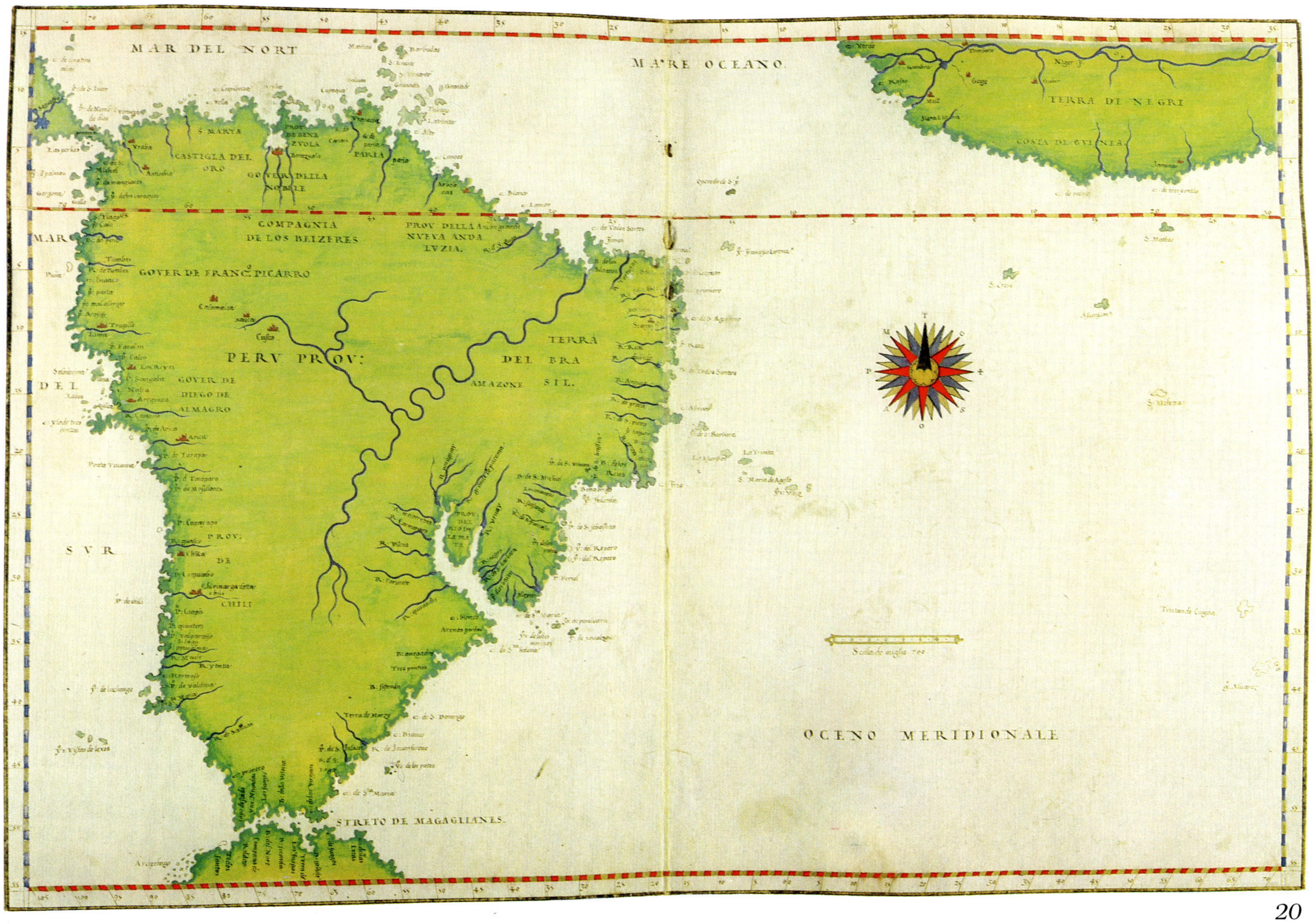
MAR DEL NORT
MARE OCEANO
TERRA DI NEGRI
COSTA DE GVINEA
CASTIGLIA DEL ORO
COMPAGNIA DE LOS BELZERES
NVEVA ANDALVZIA
GOVER DE FRANC. PICARRO
PERV PROV:
TERRA DEL BRASIL
AMAZONE
GOVER DE DIEGO DE ALMAGRO
PROV: DE CHILI
SVR
OCENO MERIDIONALE
STRETO DE MAGAGLIANES

20

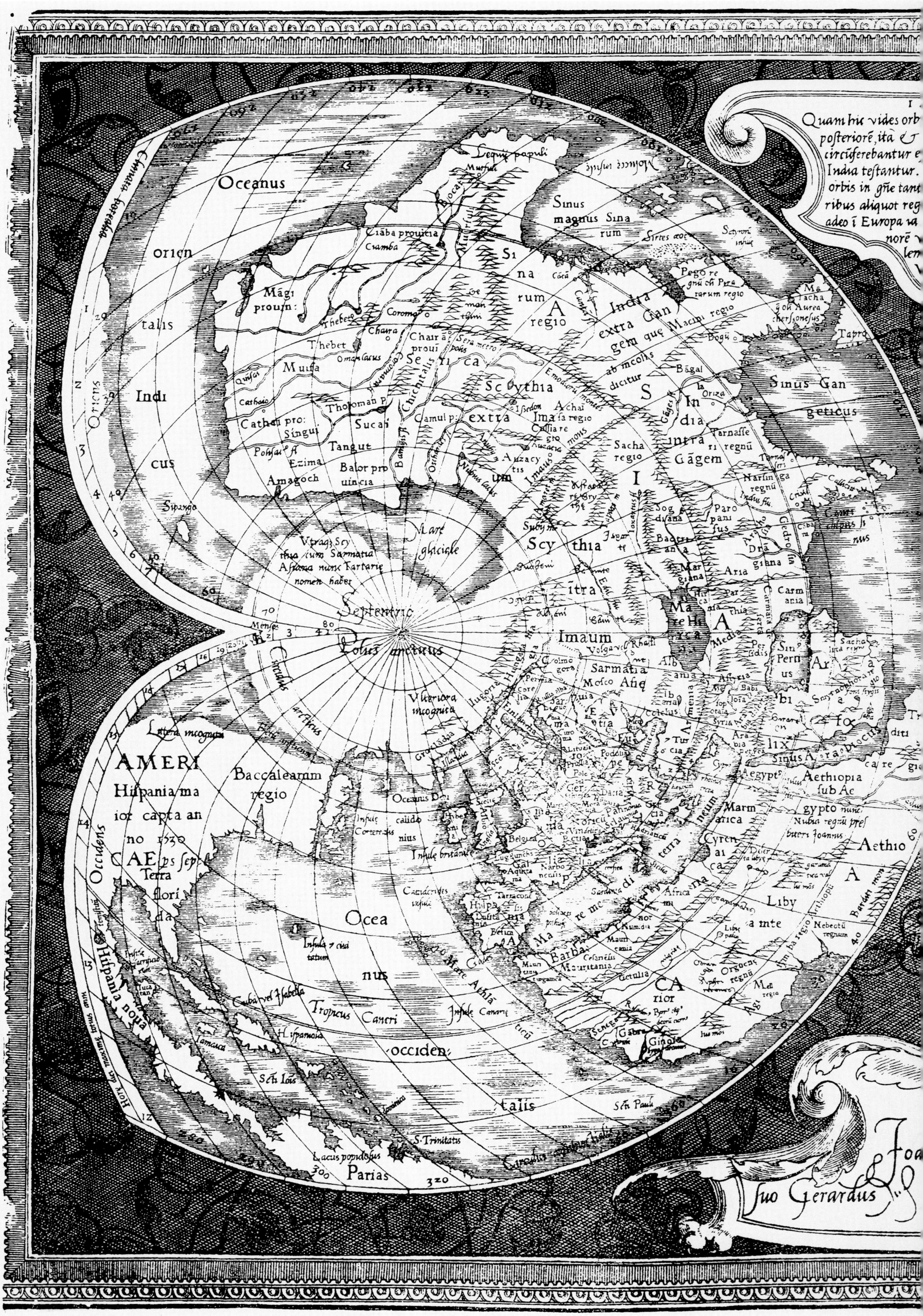

Quam hic vides orb
posteriorē, ita &
circūferebantur e
India testantur.
orbis in gñe tant
ribus aliquot reg
adeo ĩ Europa ta
Oceanus
Sinus magnus Sina rum
Moluce insule
Ciaba prouicia
Ciamba
Mãgi prouin:
Thebet
Muisa
Cathai pro:
Tangut
Ezima
Amagoch
Sipango
orien talis Indi cus
Si na rum
A regio
India extra Gan gem que Macini regio ab incolis dicitur
Pego regnũ cũ Pera tarum regio
Aurea chersonesus
Sinus Gan geticus
Scythia extra Imaum
Se ri ca
S I
In dia intra Gãgem
Sacha regio
Scy thia
Bagal
Tarnasse ri regnũ
Mare glaciale
Vtraq; Scythia cum Sarmatia Asiana nunc Tartarie nomen habet
Septentrio
Polus arcticus
Circulus arcticus
Imaum
Sarmatia
Mosco
Caspium
Pa ropa nisus
Aria
Carmania
Media
Persis
Ar
Sinus Persicus
Ulteriora incognita
Laterra incognita
AMERI
Hispania maior capta an no 1530
CAE
Terra flori da
Baccalearum regio
Oceanus Dei
Insule britanice
Ocea nus
Insula 7 ciuitatum
Mare Athlã
Tropicus Cancri
Insule Canarie
occiden talis
Hispania noua
Cuba vel Ysabella
Hispaniola
Jamaica
Sctı Iois
S. Trinitatis
Lacus
Parias
Sctı Pauli
Occidens
Oriens
Belgica
Gallia
Hispania
Italia
Germania
Sarmatia
Europa
Africa
Mauritania
Barbaria
Numidia
Aegyptus
Aethiopia sub Aegypto nunc Nubia regnũ presbiteri Joannis
Marmarica
Cyrenaica
Libya interior
Aethio
Gambra
Ginoia
300
320
suo Gerardus
Joa

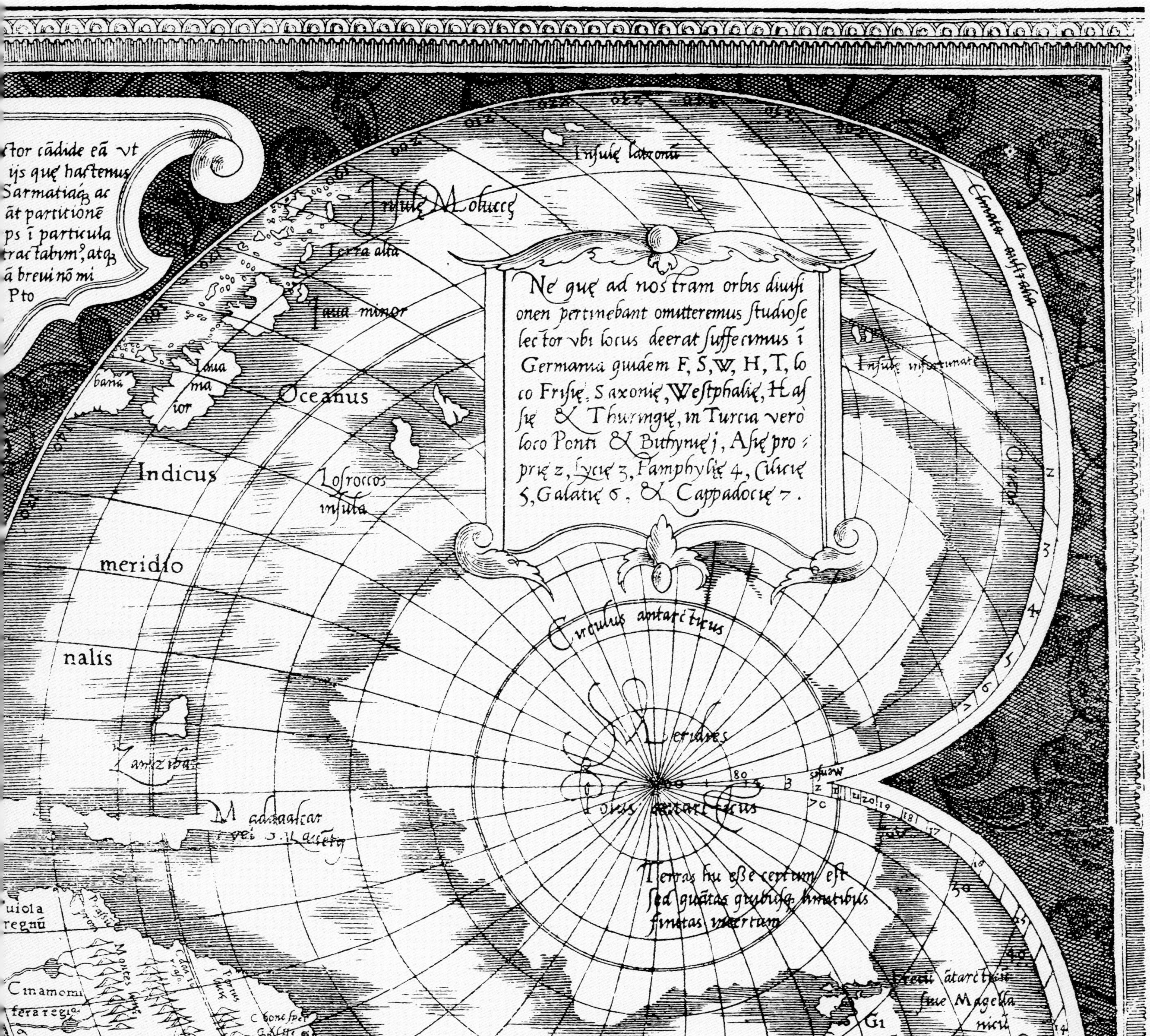
ctor cādide eā vt
ijs quę hactenus
Sarmatiaq ac
āt partitionē
ps i particula
tractabim?, atq
ā breui nō mi
Pto
Insulę latronū
Insulę Moluccę
Terra alta
Iaua minor
Iaua maior
Oceanus
Indicus
Losroccos insula
meridio
nalis
Ne quę ad nostram orbis diuisi
onen pertinebant omitteremus studiose
lector vbi locus deerat suffecimus i
Germania quidem F, S, W, H, T, lo
co Frisię, Saxonię, Westphalię, Has
się & Thuringię, in Turcia verò
loco Ponti & Bithynię 1, Asię pro :
prię 2, Lycię 3, Pamphylię 4, Cilicię
5, Galatię 6, & Cappadocię 7.
Insulę infortunatę
Circulus antarcticus
Meridies
Polus antarcticus
Terras hic esse certum est
sed quātas quibusq limitibus
finitas incertum
Madagascar
vel S. Laurētij
Fretū antarcticū
siue Magellanicū
Gi
gantū
regio
Cinamomi
fera regio
pia interior
FRI
Ocea
nus
occiden
talis
Tropicus Capricorni
Brasilia
Littora incognita
AMERI
CAE pars me
ridionalis
Porto
real
Aruaccas
Occidens
Orosio
upelmudan? dedicabat

"*Isola Spagnuola*" (aus: *Della Historia de l'Indie Occidentali*, Venedig 1534)

22

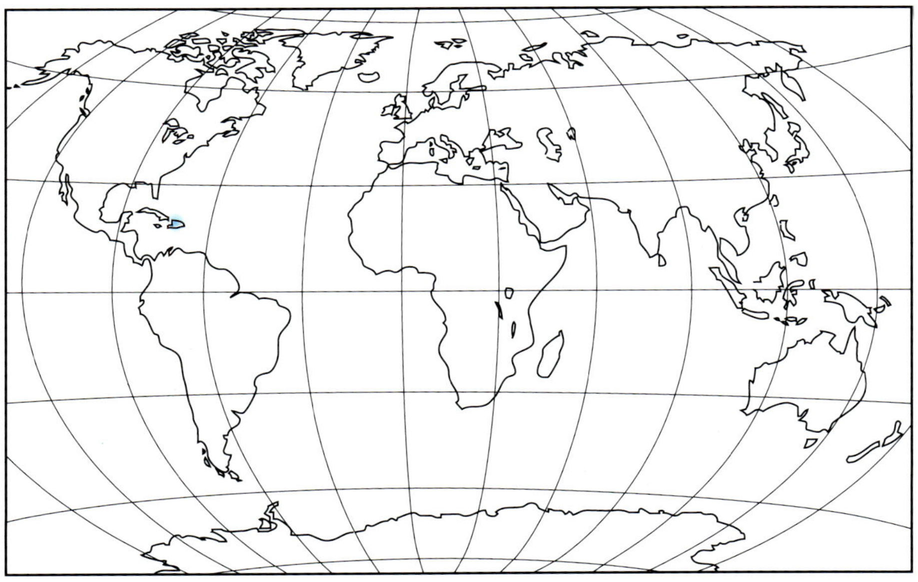

"Spagnola ist ein Wunder der Natur: seine Berge und Ebenen sind für Pflanzungen und Viehzucht jeder Art bestens geeignet, sowie für das Anlegen von Städten und Dörfern. Die Schönheit der natürlichen Häfen übersteigt jede Vorstellung. Und die Flüsse sind zahlreich und breit, sie führen süßes Wasser, und in den meisten ist Gold." So beschrieb Kolumbus 1493 die Insel Hispaniola, das heutige Haiti.
Die Insel tauchte, im Verband mit anderen westindischen Inseln, bereits in den ersten Karten auf, die über die Neue Welt erschienen. Gegenstand einer gesonderten Darstellung ist sie auf der Karte, die Giovanni Battista Ramusio 1534 in seine Geschichte der Westindischen Inseln aufnahm. Dem Holzschnitt ist der Text vorangestellt: "Die Karte beruht auf Werken von Pietro Martyre, Mitglied des Westindienrats, (...) und vielen anderen Berichten.." Küstenverlauf und Inselinneres sind klar gezeichnet, Hinweise zu Morphologie und Ethnographie fehlen nicht, Ortsnamen sind zahlreich angegeben. Diese Karte wurde dann von Ramusio auch in den 3. Band seines umfangreichen Werkes "Navigationi et Viaggi" aufgenommen, das 1556 erschien.

Bibl.: FRATI, 1921; COLOMBO, 1973, 230; MILANESI, 1984, 179-189.

SEBASTIAN MÜNSTER, *Neue Inseln*
(aus: S. MÜNSTER, *Cosmographia*, Basel 1552)

23

In seinem Kommentar zu der Weltkarte, die in dem 1532 in Basel erschienen Sammelband von Grynaeus-Hüttich enthalten ist, schreibt Sebastian Münster im Zusammenhang mit den Unternehmungen von Kolumbus und Vespucci, die er denen Alexanders d. Gr. gegenüberstellt: "Verum parva erit laus illius, si comparetur viris illis qui nostro aevo maria etiam incomperta sulcare tentarunt et occidentem sua exploratione aperuerunt innumeras insulas hominibus et opibus plenas in vastissimo mari adinvenientes."
Der große Gelehrte und führende Geograph der Renaissancezeit, der von 1489 bis 1552 lebte, widmete der Neuen Welt dann eine Sektion seines Hauptwerks "Cosmographia", das 1544 auf deutsch in Basel erschien und in der lateinischen Übersetzung von 1550 weithin Beachtung fand. Es ist enzyklopädisch angelegt und reich illustriert. Nach einem einführenden Kapitel bietet es eine Darstellung der verschiedenen Teile der Erde.
Hier wiedergegeben ist die erste Seite des Abschnitts über die "Neuen Inseln", der Basler Ausgabe von 1552 entnommen.

Bibl.: GALLOIS, 1890; BURMEISTER, 1963; TOOLEY, 1982, 26; BROC, 1989, 51-55; NEBENZAHL, 1990, 98-99.

GIACOMO GASTALDI, *"Universale parte del Mondo nuovamente ritrovato"* (aus: G. B. RAMUSIO, *Navigationi et viaggi*, Bd.3, Venedig 1556)

24

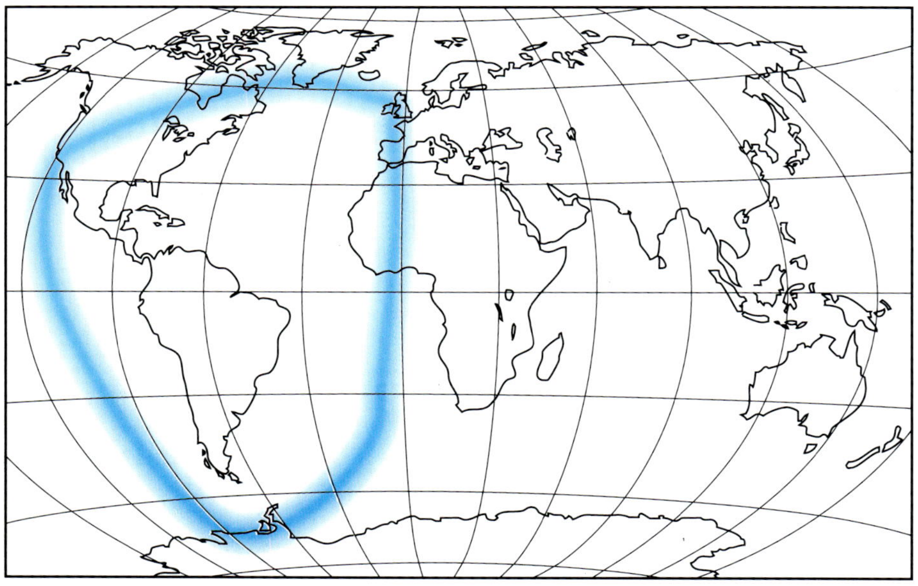

Die Nachrichten aus der Neuen Welt verbreiteten sich in Europa im wesentlichen durch die Veröffentlichung der Reiseberichte. Grundlegendes Werk in diesem Zusammenhang ist "Navigationi et Viaggi", das die Texte der wichtigsten Verfasser sammel und in Venedig von Giovanni Battista Ramusio herausgegeben wurde. Das umfangreiche Werk ist auch ein interessantes Zeugnis der venezianischen Kultur des 16. Jahrhunderts, da führende Spezialisten in ihm zusammenwirkten. Die Reisen in die Neue Welt sind im 3. Band behandelt. Zu den Karten, die dem Band beigegeben sind, äußert sich der Herausgeber im Einführungstext, der sich an Gerolamo Fracastoro richtet: "Nun, da Seine Exzellenz mich durch Briefe gemahnt, daß von diesem Stück der Erde, das neuerdings aufgefunden ward, zu Ptolemäus' Wettstreit vier oder fünf Tafeln nötig wären, das zu zeigen, was uns heute bekannt (...) Ich hab's eingerichtet, daß Meister Iacomo de Gastaldi, der große Kosmograph, eine Weltkarte ins Kleine reduziert hat, und dann in vier Tafeln unterteilt, mit dem größten Fleiß, dessen er fähig. "Gemeinsam trugen Gastaldi und Ramusio Außerordentliches zur Verbreitung des neuen Wissens bei, sie machten Kolumbus als *den* großen Entdecker bekannt.
Die abgebildete Karte (ihr Durchmesser beträgt 265 mm) wurde mithin im Auftrag Ramusios von dem führenden Kartographen Giacomo Gastaldi angefertigt.

Bibl.: GRANDE, 1902, 1905; ALMAGIA', 1948; RAMUSIO, 1980; MILANESI, 1984, 25-74; 1992.

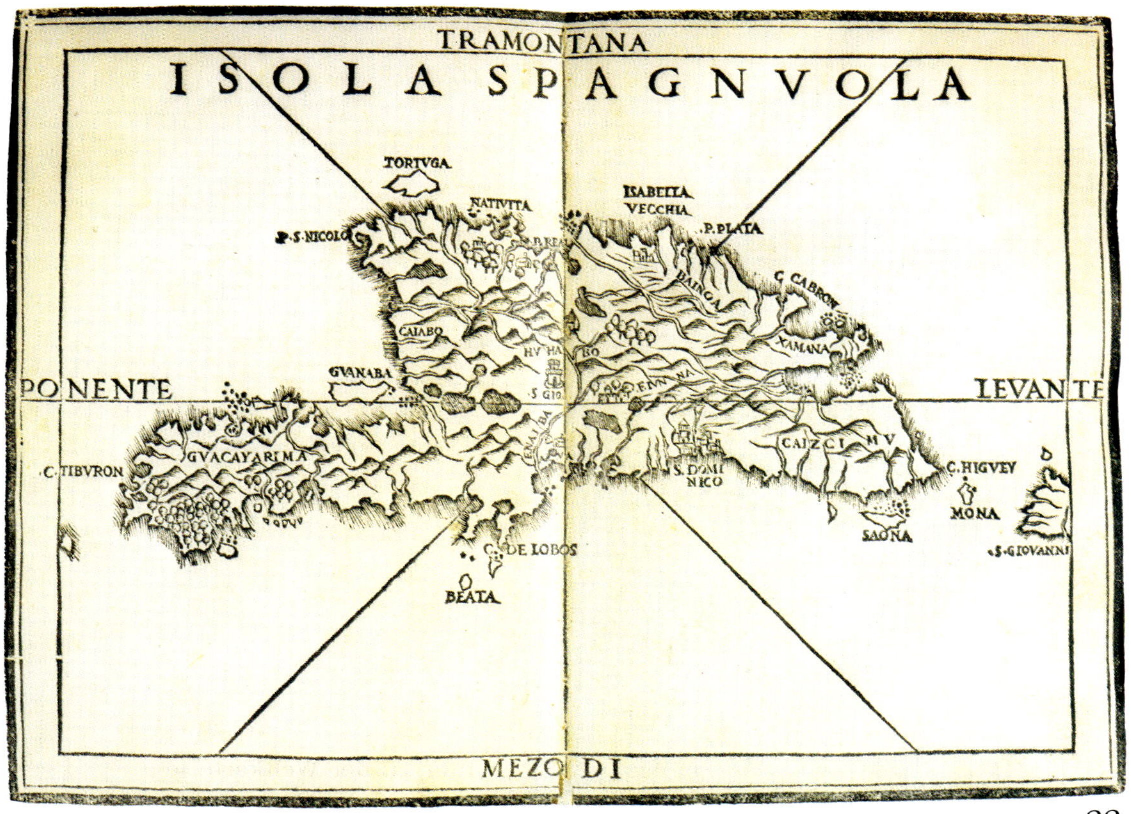

22

Liber V. 1099

DE NOVIS INSVLIS, quomodo, quando & per quem illæ inuentæ sint.

CHristophorus Columbus natione Genuensis, quum diu in aula regis Hispaniarum diuersatus fuisset, animum induxit, ut hactenus inaccessas orbis partes peragra-ret. Petijt propterea à rege, ut uoto suo non deesset, futurum sibi & toti Hispa-niæ decus præclarum asseuerabat, si sua opera & impensa nouas regiones nactus es-set. Hæc meditantē rex & regina derisere, utpote cogitantem inania. Tandem peractis annis o-cto insistente adhuc Columbo, cœpit rex sermonibus eius aures præbere attētiores, decreuitq; post multa experiri uiri ingenium. Vnde iussit liburcam unā & celoces duas omni genere an-nonæ armamētorūq; cōmuniri, quibus expeditis, prima Septēbris luce anno 1492. soluit ab Hi-spanis littoribus & diu optatum iter est aggressus. Soluēs ergo à Gadibus diuertit uersus insu-las Fortunatas, quas nūc Canarias appellant, ob id quod canibus abundēt. Fortunatæ uero o-lim dictæ fuerunt ob aeris miram temperiem, cœliq; dementiam, & incoluerunt eas ferinæ gen tes quibus nulla erat religio, nullaq; uerecundia, utpote qui toti nudi incedunt. Hinc autem Co lumbus soluens nauigauit uersus occidentem, tandemq; inuenit aliquot insulas, quarum duæ e-tant uastissimæ. eisq; nomina indidit, alteram Hispanam, Iohannam alteram nuncupans.

Fortunatæ & Canariæ insulæ.

De duabus insulis Iohanna & Hispana.

VEniens Columbus ad Insulam quā Iohannam appellauit, audiuit innumeros auium concentus, & in primis lusciniarum, quæ densissimis incantabāt nemoribus, mese No uembri. Vidit quoq; limpidissima flumina, eademq; ad potādum suauia, portus ma-gnos & celebres. Et cum nauigaret secus insulæ littora ductu Chori uenti et nullum comperiret finem, credidit continentem esse, propterea decreuit gradum refer-re, impellente Pelagi sæuitia. Conuersa ergo naui ad Orientem, uenit ad Insulam quæ post-ea dicta fuit Hispana, appellens que terram, conspectus est ipse & socij eius ab incolis insulæ,

Hispana insula.

23

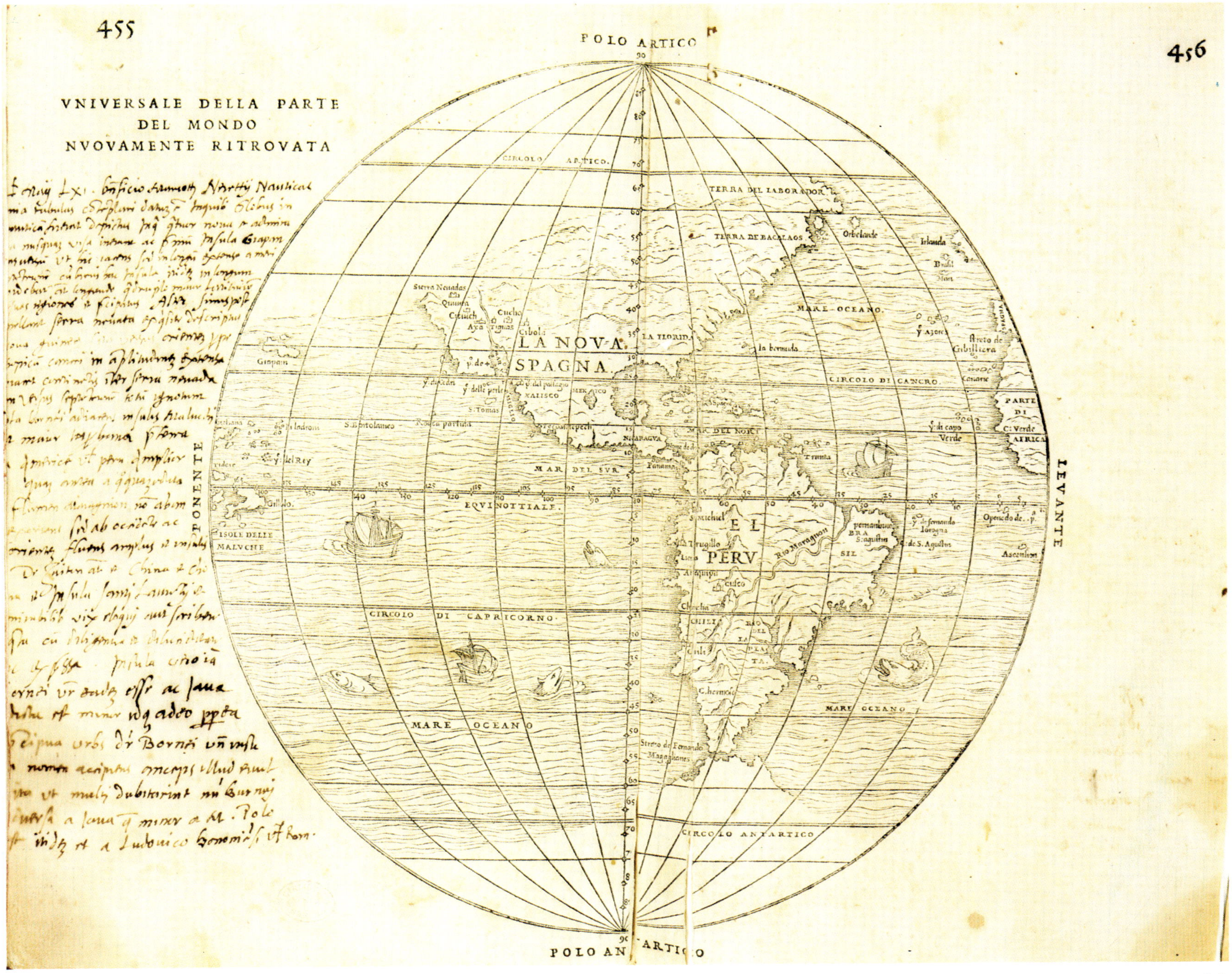

24

HADSCHI AHMED, *Weltkarte,* um 1559
(Venedig, Biblioteca Nazionale Marciana)

25

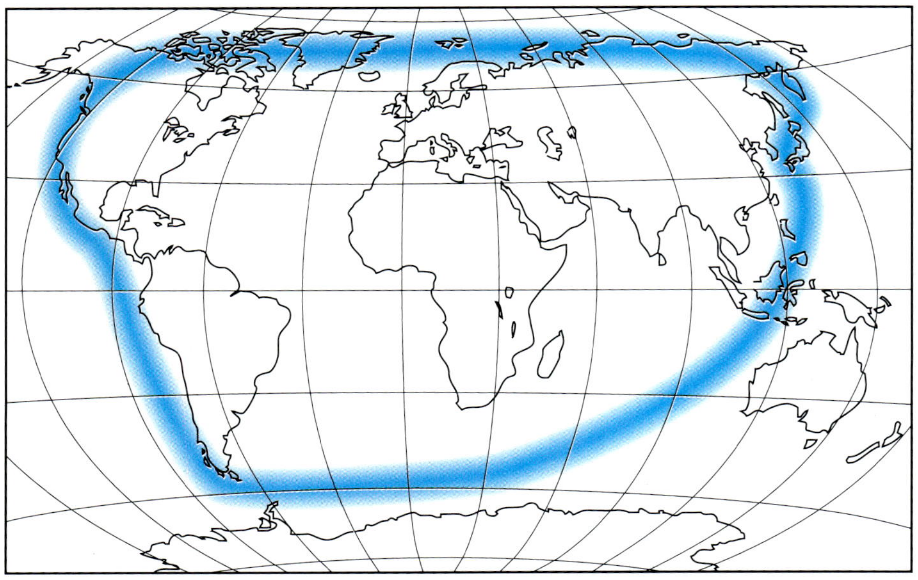

Zu der Weltkarte des Hadschi Ahmed, die auf 1559 datiert wird und allgemein als "Türkenkarte" bekannt ist, sind in der Bibliothek Marciana in Venedig noch die Originaldruckstöcke aus Holz erhalten.
Der Rat der Republik Venedig ließ 1795, nach ihrer Wiederauffindung in seinem Archiv, mit diesen eine Neuauflage durch den Drucker Pinelli in Venedig herstellen.
Die Abbildung zeigt eines der wenigen Exemplare, die davon noch erhalten sind. Es ist ebenfalls in der Bibliothek Marciana aufbewahrt (Rari, V, 38-38 bis).
Die Weltkarte (Format 1100 x 1065 mm), die den Titel "Completa e perfetta carta descrivente l'intero Mondo" trägt, orientiert sich klar an der Arbeit von Orontio Fineo aus dem Jahr 1534, effizienter ist jedoch die Farbgebung hinsichtlich der Neuen Welt.
Die Wiedergabe der Erdkugel - sie trägt die Namen in arabischer Schrift - ist in einen eleganten Rahmen eingebettet. Ein ausführlicher Begleittext, in Türkisch beschreibt die Längen- und Breitengrade und die wichtigsten Gebiete. Zu beachten die beiden Himmelshemisphären, die unten auf der Karte neben eine Armillarsphäre gesetzt sind. Widersprüchlich ist die Frage der Urheberschaft: Hadschi Ahmed gibt selbst an, in Tunis geboren zu sein und in Fez studiert zu haben. Die Karte entstand aber auf jeden Fall in dem Kreis um Michele Membré, dem Dolmetscher der Serenissima. Das Druckprivileg von 1568 nennt Hadschi Ahmed zusammen mit den Namen von Cambi und Membré und dem Drucker M. A. Giustiniani.

Bibl.: D'AVEZAC, 1866; CATALOGO, 1907, 28; MENAGE, 1958; SHIRLEY, 1984, 118-119; BELLINGERI - VERCELLIN, 1985, 154-159; ZORZI, 1987, 310, 316-15, 354, 511; *Biblioteca Marciana*, 1988, 224-26.

GIACOMO GASTALDI, *Weltkarte*, 1562
(Bergamo, Biblioteca Civica)

26

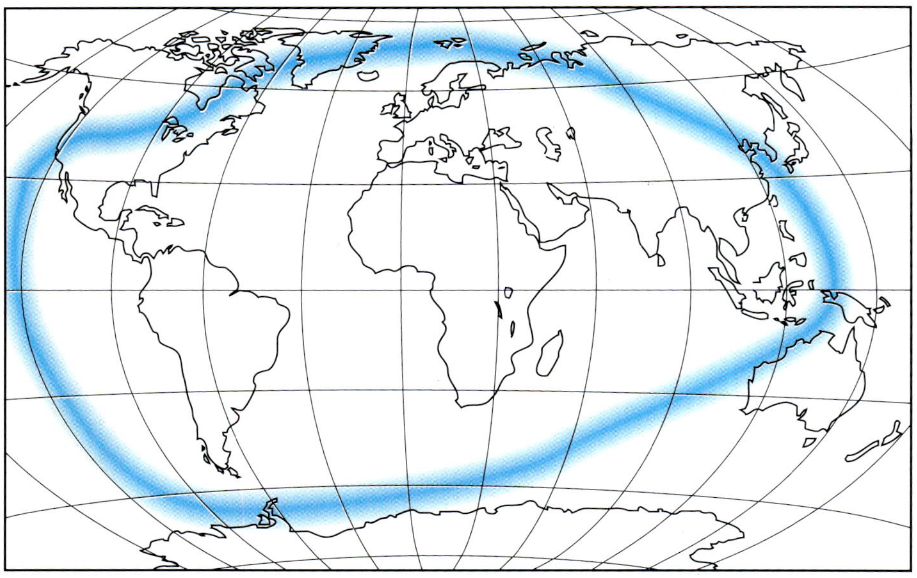

Der herausragende Kartograph Giacomo Gastaldi, Piemonteser Herkunft, aber spätestens ab 1539 in Venedig tätig, ist durch seine Karten der europäischen Länder, die detaillierten Italienkarten und die großen Afrika- und Asienkarten bekannt. Diese Karten waren über die Grenzen des italienischen Kulturraums hinaus weithin in Verwendung.
Bedeutend ist er aufgrund seine Mitarbeit an der venezianischen Edition der "Geographia" von Ptolemäus, die, 1548 realisiert, die erste in italienischer Sprache war. Die 34 neuen Karten darin sind von ihm.
Ferner geht eine Reihe von Weltkarten in ovaler Projektion auf ihn zurück. Es handelt sich um Karten, die lose zirkulierten oder in den damals so beliebten Sammelausgaben enthalten sind und sich inhaltlich alle stark an eine Arbeit Gastaldis aus dem Jahr 1546 anlehnen. Zum Teil wurden sie von namhaften venezianischen Druckerwerkstätten verlegt.
Hier abgebildet ist eine von dem Veroneser Paolo Forlani besorgte Ausgabe, die 1562 bei Giovan Francesco Camotio in Venedig gedruckt wurde. Sie hat ein Format von 295 x 535 mm und ist in einer Sammelausgabe aus dem 16. Jahrhundert enthalten (Bergamo, Biblioteca Civica, Cinq.- 7,794).
Es fällt auf, daß Nordamerika und Asien verbunden dargestellt werden. Dieses Merkmal zeichnet alle Werke Gastaldis bzw. die in seiner Nachfolge aus, mit Ausnahme der letzten.

Bibl.: GRANDE, 1902; 1905; CARACI, 1936; ALMAGIA', 1939; ALMAGIA', 1948, 37-38; PAGANI, 1979, 25-26; SHIRLEY, 1984, 96-97, 121; MEURER, 1991, 148-154.

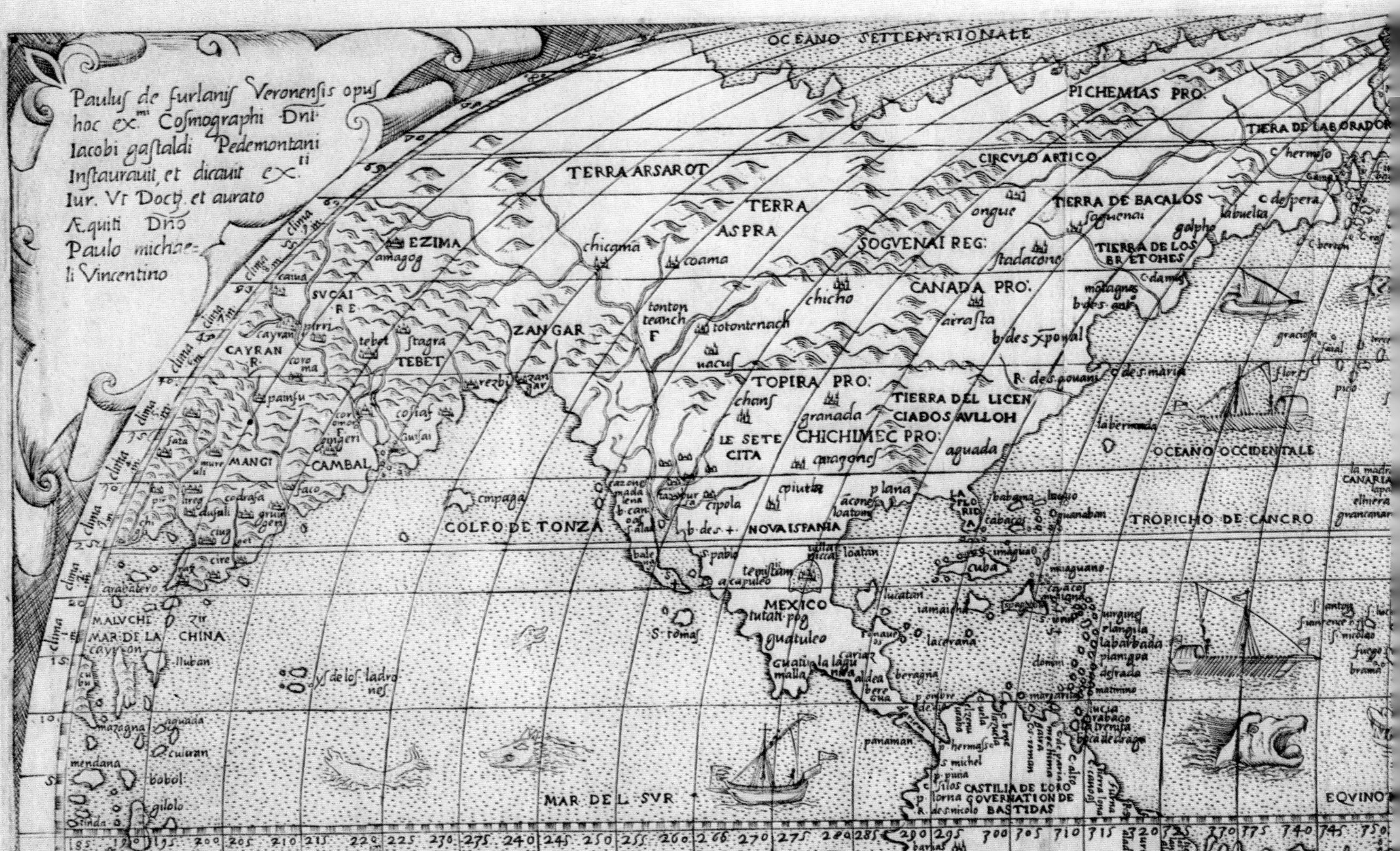
Paulus de furlanis Veronensis opus hoc ex.mi Cosmographi Dni Iacobi gastaldi Pedemontani Instaurauit, et dicauit ex.tii Iur. Vr Docti et aurato Æquiti Dno Paulo michaeli Vincentino
VENETIIS.
Ioan. Francisci Camotii aeris formis Ad signum Pyramidis Anno
M D L XII.
OCEANO SETTENTRIONALE
PICHEMIAS PRO.
TIERA DE LABORADOR
TERRA ARSAROT
CIRCVLO ARTICO
TERRA ASPRA
TIERRA DE BACALOS
SOGVENAI REG.
TIERRA DE LOS BRETOHES
CANADA PRO.
EZIMA
ZANGAR
TEBET
CAYRAN
MANGI
CAMBAL
TOPIRA PRO.
TIERRA DEL LICENCIADOS AVLLOH
LE SETE CITA
CHICHIMEC PRO.
OCEANO OCCIDENTALE
TROPICHO DE CANCRO
COLFO DE TONZA
NOVA ISPANIA
MEXICO
MAR DE LA CHINA
MAR DEL SVR
CASTILIA DE LORO
GOVERNATION DE BASTIDAS
GOVERNATION DELA COPAGNIA DE LOS BELZARES
GOVERNATION DE P DE HERIDIA
GOVERNATION DE FRANCESCO PICARO
EL PERV
BRASIL
COLAO PRO.
QVITO PROVIN
EQVINO
y. de los tuburones
S. paulo
Streto de fernando magallanes
TIERA DEL FVEGO IN COGNITA

OCEANO SYTHICO
MAR MAZOR
MAR DE BACHAV
MAR MEDITERRANEO
MAR DE INDIA
GOLPHO DE BENGALA
MAR MAGADAZO
OCEANO ORIENTALE
MAR MACCHIAN
TROPICO DE CAPRICORNO
ISOLA DE S. LORENZO
CAPO DE BONA SPERANZA
CIRCULO ANTARTICO
COSTA DE GUINEA
Pyramidis signum

Mexico
MEXICO, REGIA
ET CELEBRIS
HISPANIÆ NO
VÆ CIVITAS.

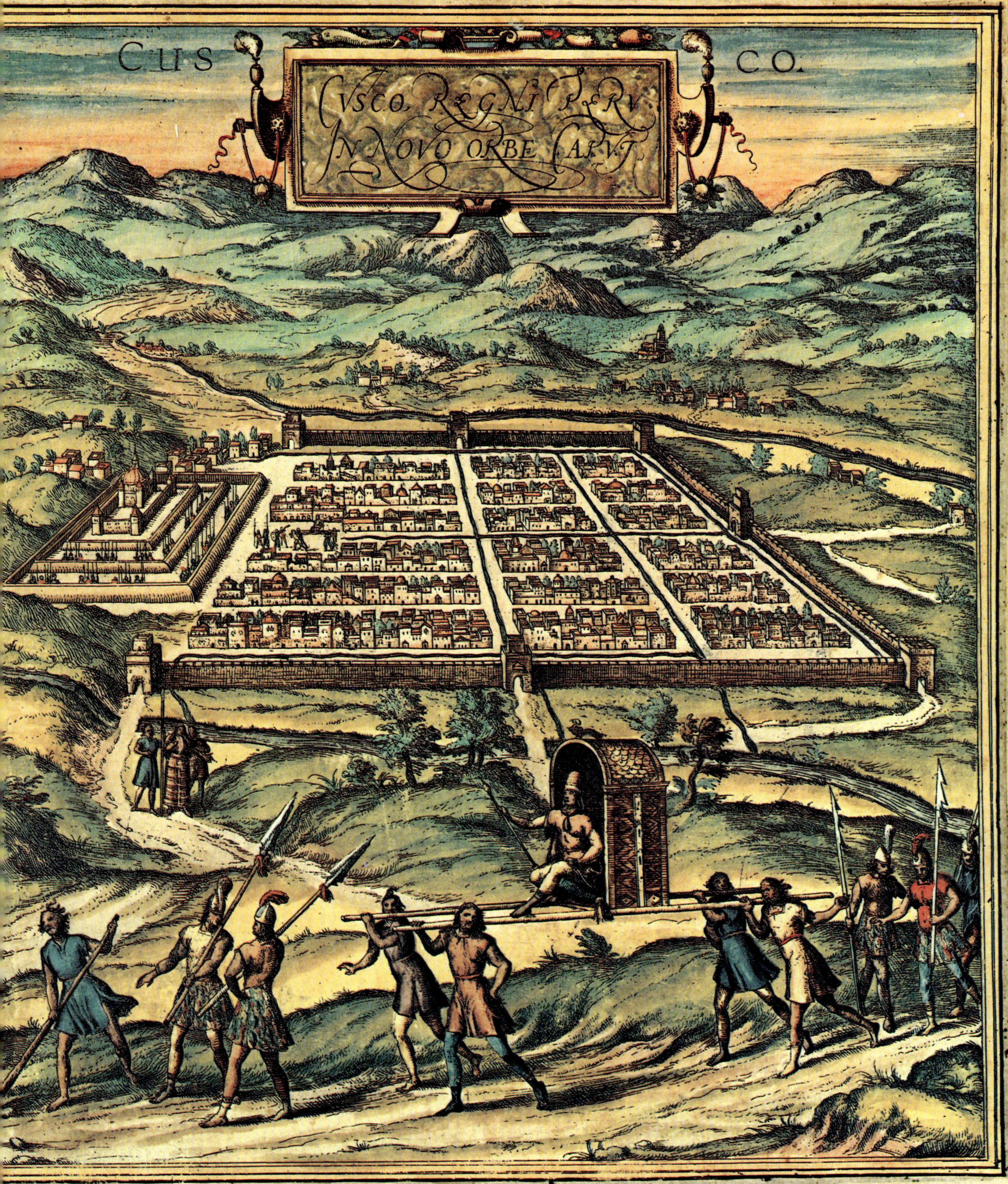
CUS
CO.
CVSCO REGNI PERV
IN NOVO ORBE CAPVT

"Mexico" (aus: G. BRAUN - F. HOGENBERG, *Civitates Orbis Terrarum*, Bd. 1, Köln 1572)

27

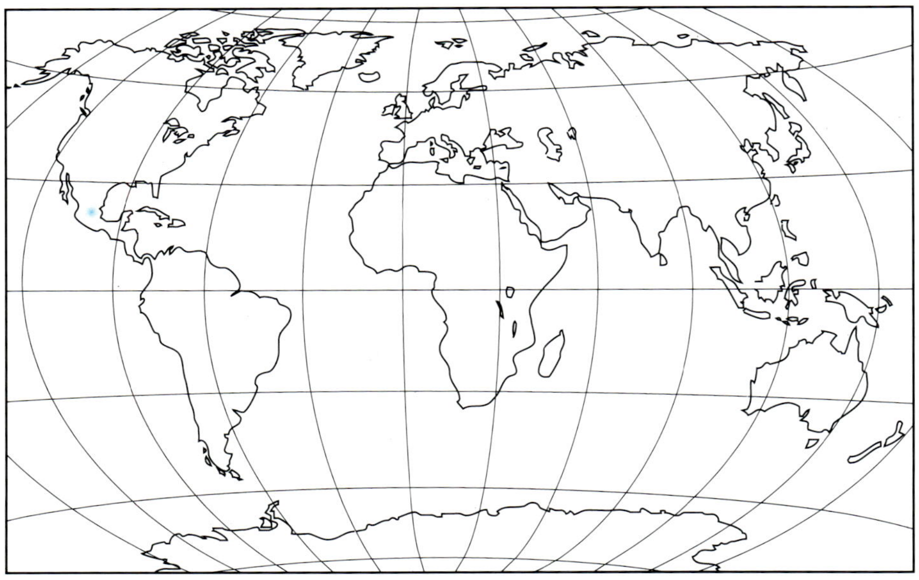

Die Pläne der Städte Temixtitàn und Cuzco machten das Europa des 16. Jahrhunderts mit der Existenz der amerikanischen Hochkulturen bekannt. Darin liegt ihre historische Bedeutung begründet, unabhängig von der Wirklichkeitstreue der Darstellung. Bei den italienischen Editoren der damaligen Zeit erfreuten sich Darstellungen von Temixtitàn (Mexiko) großer Beachtung, seit zum ersten Mal ein Plan dieser Stadt 1552 in Nürnberg im Anhang zum Cortez-Brief publiziert worden war. Zu nennen sind das "Isolario" von Bordone (Venedig 1528), das Kapitel "Relatione di alcune cose della Nuova Spagna e della gran città di Temestitan" im 3. Band des Werkes "Navigationi" von Ramusio (Venedig 1556) und die Sammlung von Zeichnungen und Plänen "Disegni delle più illustri città et fortezze del mondo", 1569 von Giulio Ballino in Bologna herausgegeben. Ein Plan der Stadt wurde auch in den 1572 in Köln erschienenen 1. Band des außerordentlich erfolgreichen Werks "Civitates Orbis Terrarum" aufgenommen. Auch hier wurde Cortez' Modell übernommen, aber auf den Kopf gestellt.
Der abgebildete Plan ist einem handkolorierten Exemplar des genannten Bandes entnommen, das in der Biblioteca Civica in Bergamo aufbewahrt ist.

Bibl.: GALLOIS, 1890; BAGROW, 1964; KOEMAN, 1961; KEUNING, 1963; SKELTON, 1965; MILANESI, 1984, 179-208; COLLETTA, 1984; PAGANI, 1990.

"Cusco" (aus: G. BRAUN - F. HOGENBERG, *Civitates Orbis Terrarum*, Bd. 1, Köln 1572)

28

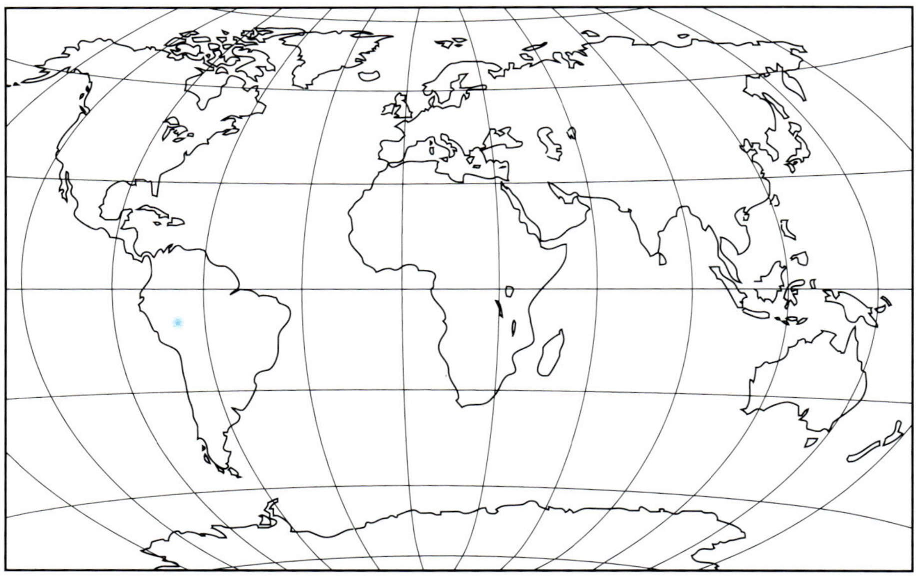

Der Anblick der Stadt Cuzco, ein anderes Hauptziel der Konquistadoren, versetzte die Gefährten Pizarros nach der Mühsal der Anden-Etappen in Begeisterung. Piero Sancho berichtet in seiner "Relazione", bei Ramusio 1556 in "Navigationi" abgedruckt: "Cuzco ist die erste der Hauptstädte und Residenz der Herrscher, so groß und so schön und mit so vielen Gebäuden, daß man es in Spanien kennenlernen soll (...). Der größte Teil dieser Häuser ist aus Stein, die andern haben die halbe Fassade aus Stein; viele Häuser sind aus Lehm, und sie sind schön ordentlich gebaut; die Kreuzungen der Straßen sind ganz gerade, die Straßen sind alle gepflastert ...".
Im selben Band der "Navigationi" befindet sich der doppelseitige Druck "Il Cuscho città principale della Provincia del Perù". Cuzco und Mexiko sind die einzigen Städte der Neuen Welt, die der gewichtige Band der "Civitates" verzeichnet, was dieses Werk, seinem weitausgreifenden Titel zum Trotz, als einseitig europaorientiert erscheinen läßt.
Hier abgebildet ist ein handkoloriertes Exemplar des Druckes (aus dem Band, der in Bergamo in der Biblioteca Civica aufbewahrt ist), der, so unrealistisch die Darstellung auch sein mag, doch das wohlgeordnete Stadtbild Cuzcos anschaulich macht.

Bibl.: Vgl. Text zu Tafel 27.

Weltkarte (aus: R. HAKLUYT, *Principal Navigations...*, Bd. 2, London 1599)

29

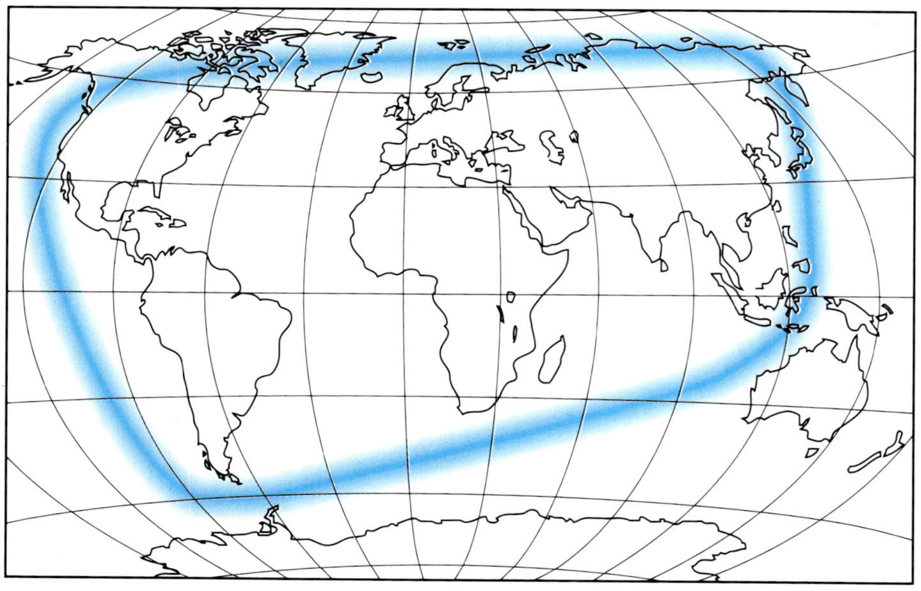

Richard Hakluyt (1553 - 1616) läßt sich in gewisser Weise mit Giovanni Battista Ramusio (1485 - 1557) vergleichen, wenn sein Werk auch bereits der späten Renaissance angehört. Das erschienene Material wertend und sichtend, zog er Bilanz und erklärte dem europäischen Publikum die Phasen der jüngsten Geschichte. 1589 erschien sein umfangreiches dreibändiges Werk "Principal navigations. Voyages and Discoveries of the English Nation", das ähnlich konzipiert ist wie das von Ramusio. Der 3. Band behandelt ausschließlich Westindien und die Weltumsegelungen. In den Jahren 1598 bis 1600 kam eine Neuausgabe des Werks heraus, die bei unveränderter Konzeption wesentlich reicher an Material ist.
Die hier wiedergegebene Karte stammt aus der Neuausgabe des 2. Bandes von 1599. Obwohl ohne Urheberangabe, läßt sie sich dem Mathematiker Edward Wright zuschreiben. Sie gehört zu den ersten Karten, die nach der Mercatorprojektion hergestellt sind. Es handelt sich um eine nautische Karte, die die Küstenlinien der bekannten Gebiete sorgsam verzeichnet. Wo genaues Wissen noch fehlt, sind Lücken gelassen.

Bibl.: PARSONS-MORRIS, 1939; QUINN, 1974; SHIRLEY, 1984, 238-39; BROC, 1989, 26.

DIEV ET MON DROIT
It appeareth by the discouerie of Francis Gaulle
a Spaniard, in yeare 1584 that the sea betwe-
ene the west part of America and the east of Asia
which hath bene ordinarily set out as a straight
and named in most maps the streight of Anian is
aboue 1200 leagues wide at the latitude of 38 degr.
And that the distance betweene cape Mendocino and
cape California which many maps and seacharts
make to be 1200 or 1300 leagues is scarce so much as 600
EVROPA
SAMERCAND
BOGHAR
CANCRI
THE SOUTH
SEA
BRASILIA
CAPRICORNI
C bona Speranza
By the discouerie of Sr Francis Drake made in the yeare
1577. the straights of Magellane as they are comonly
called seeme to be nothing els but broken land and Ilands
and the southwest coast of America called Chili was
found not to trend to the northwestwards as it hath beene
described but to the eastwards of the north as it is heere
set downe which is also confirmed by the voyages and
discoueries of Pedro Sarmiento and Mr Tho Candish Ao 1587.
Thou hast here (gentle reader) a true hydrographical description of so much of the world as hath
beene hetherto discouered and is comne to our knowledge which we haue in such sort performed yt
all places herein set downe haue the same positions and distances that they haue in the globe being ther
in placed in same longitudes and latitudes which they haue in this chart which by the ordinarie sea
chart can in no wise be performed The way to finde the position or course from any place to
other herein described differeth nothing from that which is used in the ordinarie sea cha
rt. But to finde the distance: if both places haue the same latitude see how many degrees of
the meridian taken at that latitude are contayned betweene the two places for so many score
leagues is the distance. If they differ in latitude see how many degrees of the meridian
taken about the midst of that difference are conteined betweene them and so many score
leagues is the distaunce.

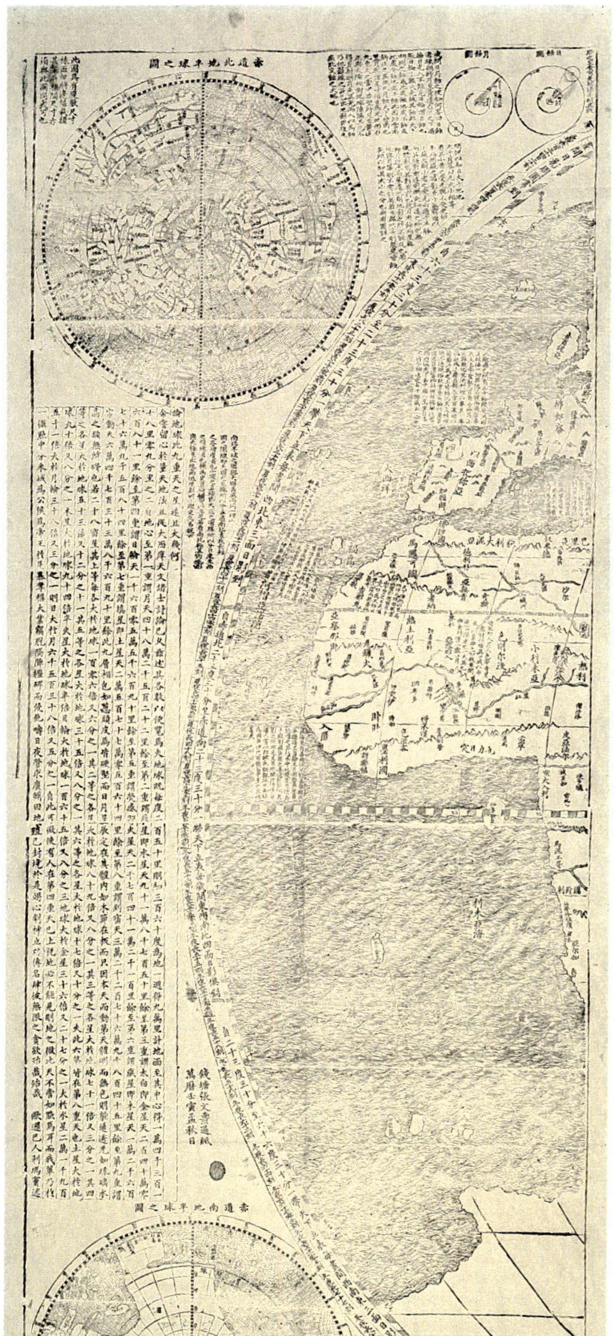

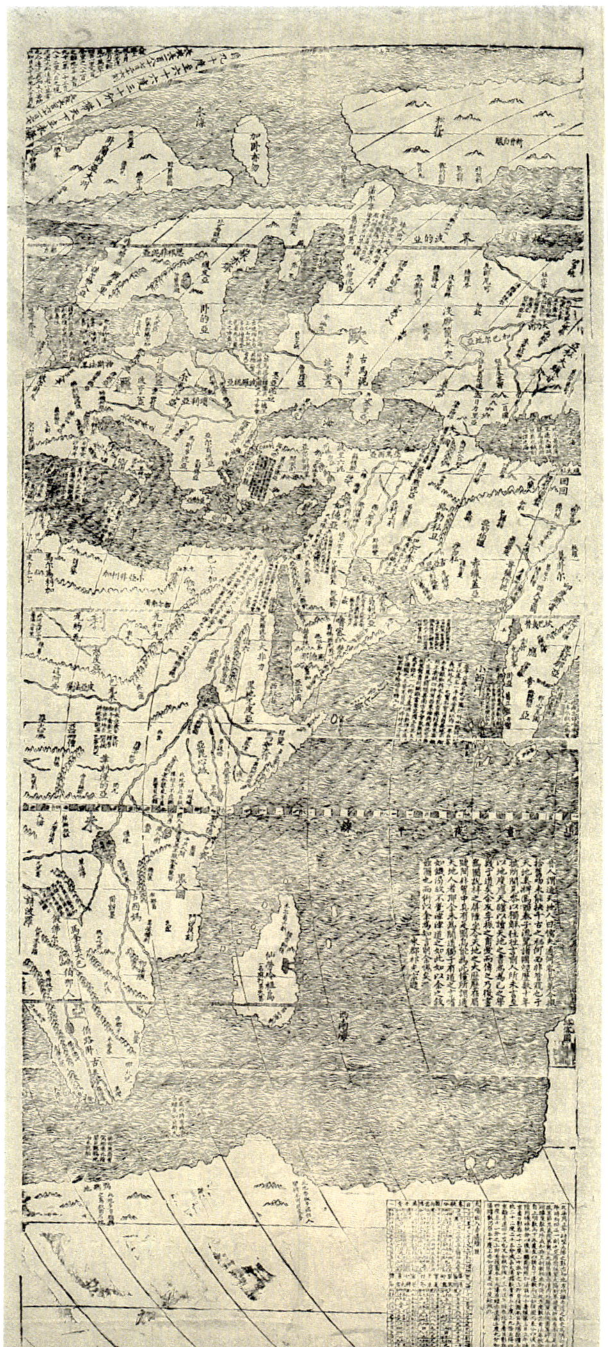

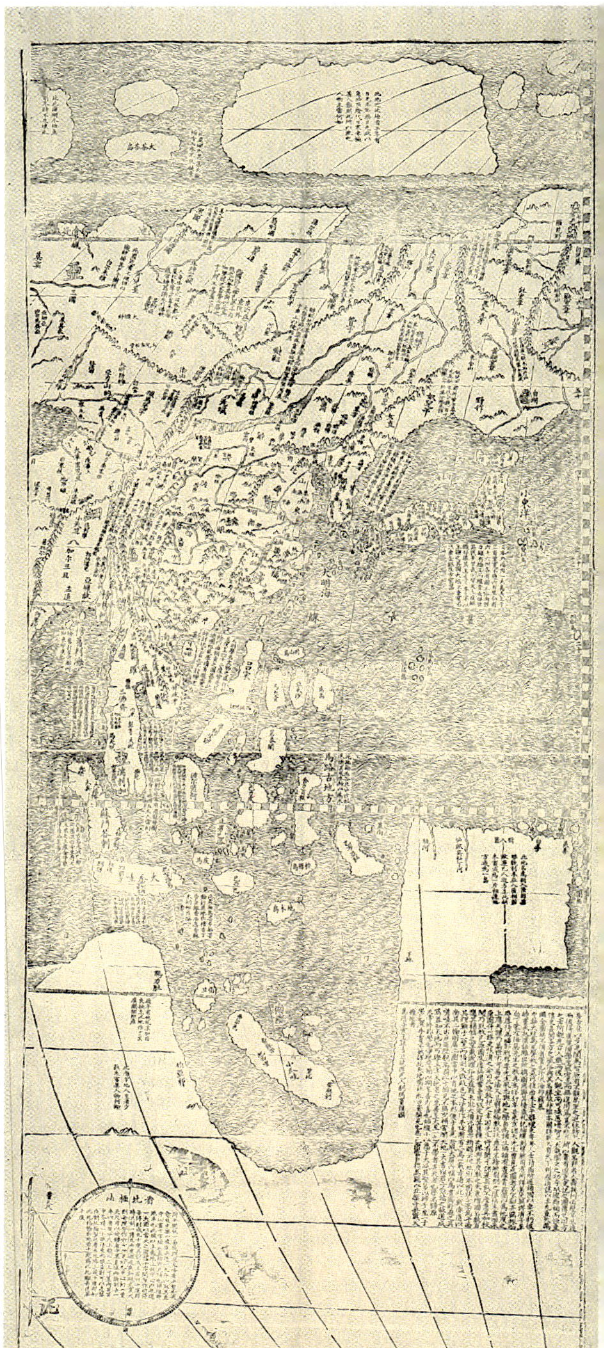

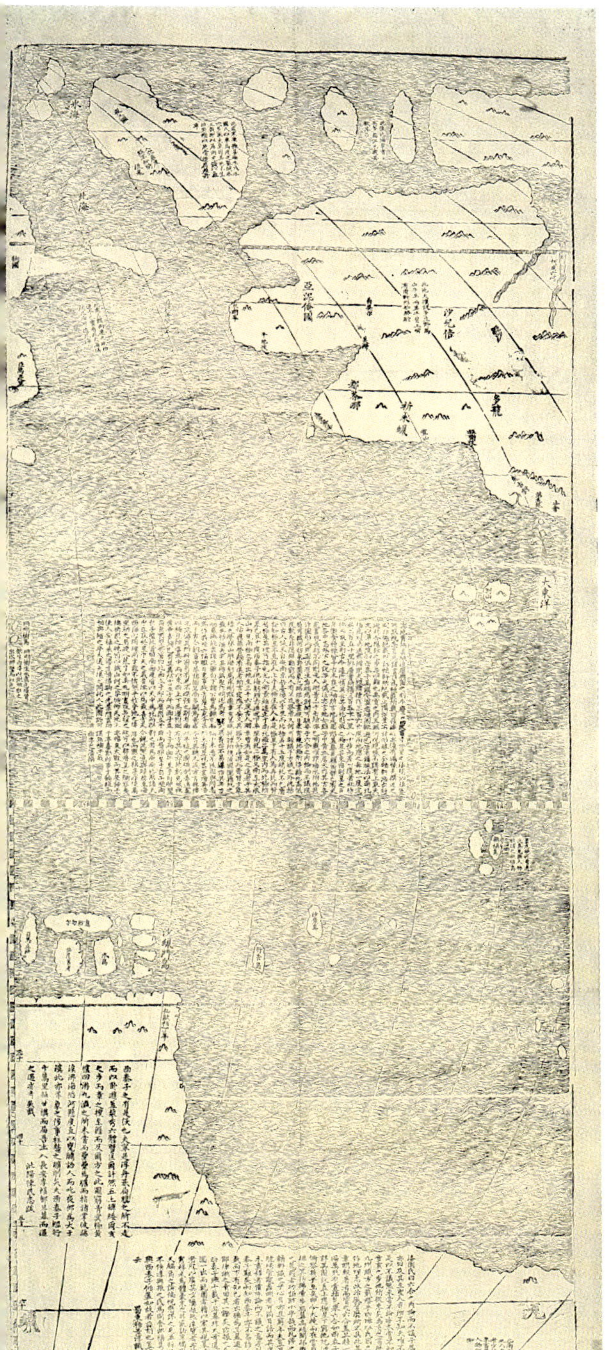

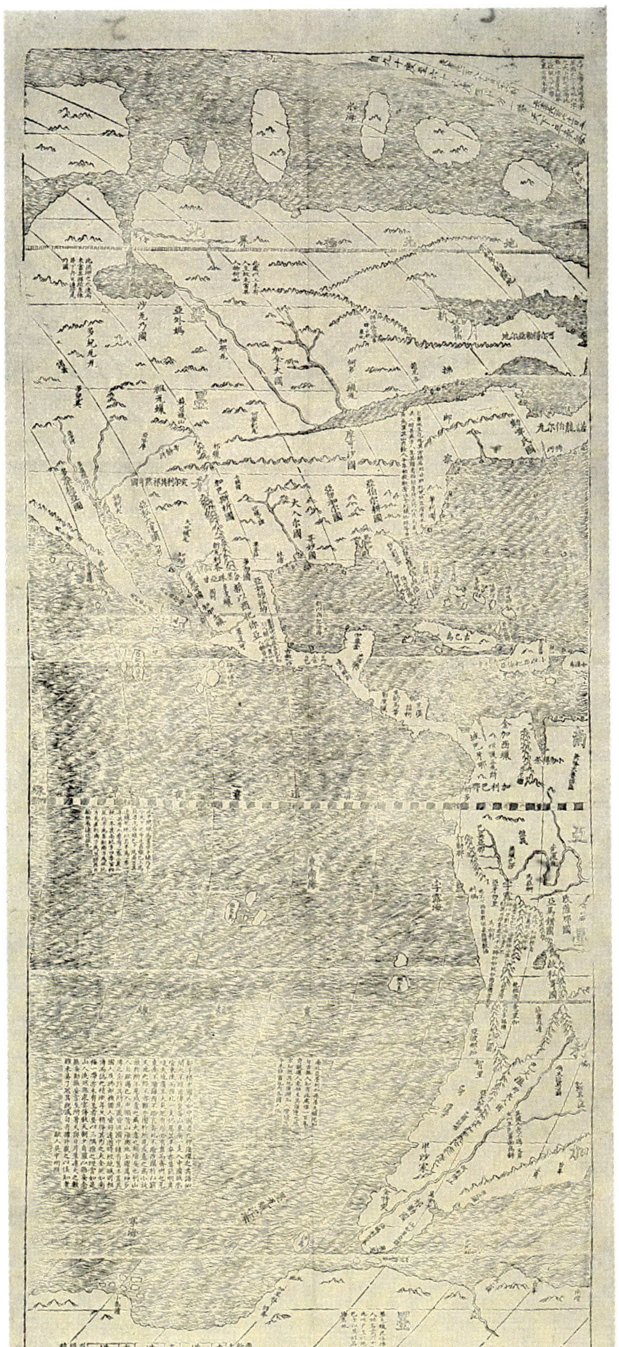

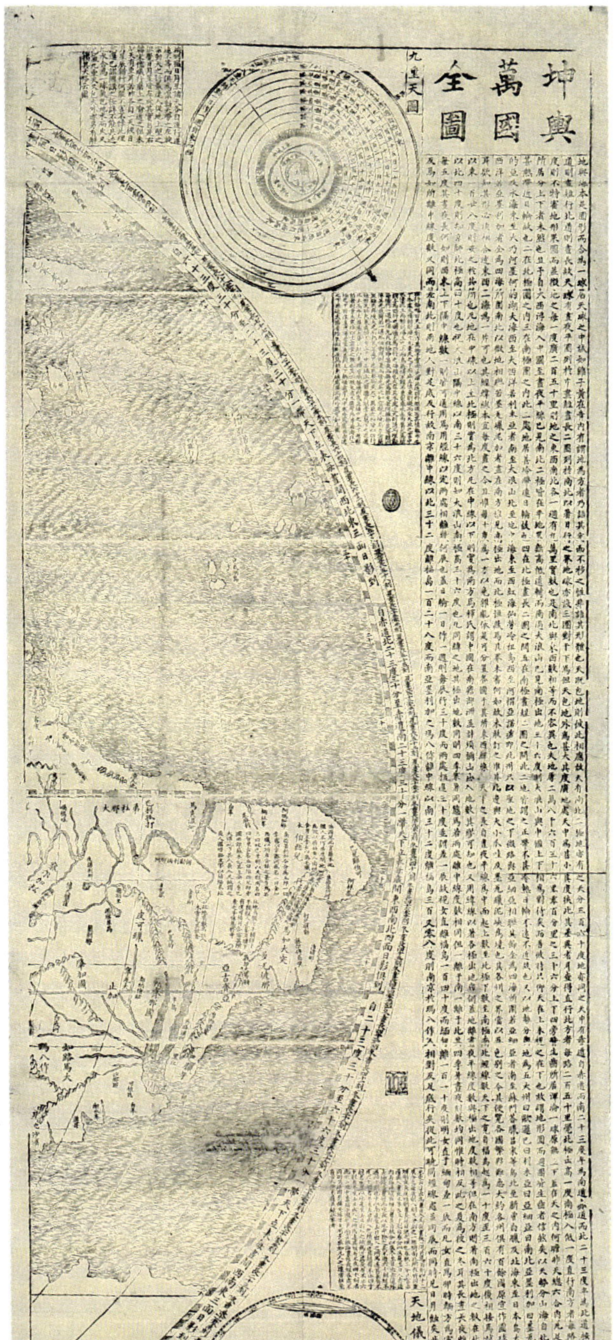
坤輿萬國全圖
天地儀

MATTEO RICCI, *Weltkarte*, 1602
(Vatikan, Biblioteca Apostolica Vaticana)

30

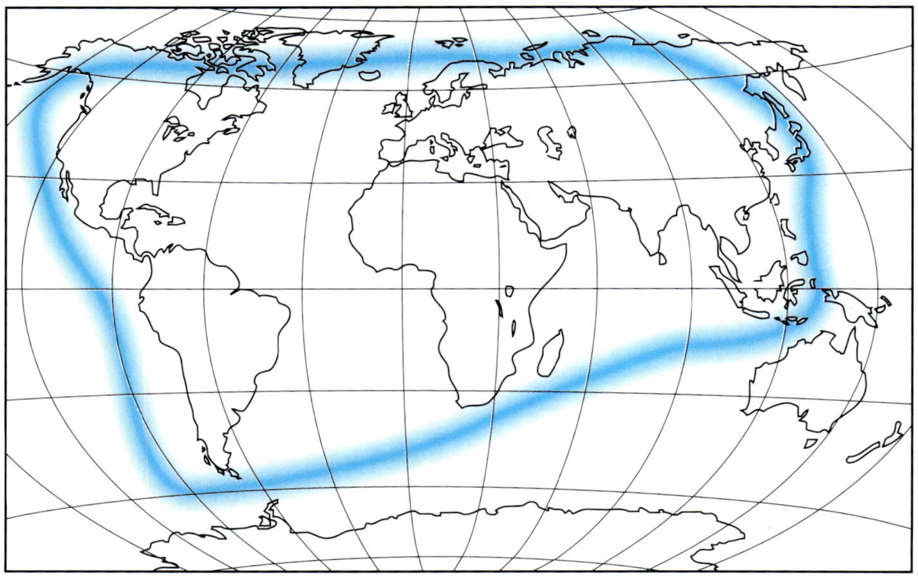

Der Jesuitenpater Matteo Ricci (1552 - 1610) lebte von 1583 bis zu seinem Tod als Missionar in China. Seine "chinesische" Weltkarte, die die Errungenschaften westlicher Geographie und Kartographie dem orientalischen Denken nahebringen wollte, bricht mit überkommenen Schemata und setzt China in den Mittelpunkt der Darstellung: die Welt, von China aus gesehen. Die Karte verwendet die ovale Projektion und stützt sich hauptsächlich auf europäische Vorarbeiten (zu nennen Frisius, Puerbach, Ruscelli, Ortelio), bezieht aber auch die Geschichte der chinesischen Dynastien ein.
Ricci legte diverse Ausgaben seiner Weltkarte vor. Die erste ist undatiert; es folgten die Ausgaben von 1600 (Nanking), 1602 und 1603 (beide Peking). Die letzte Version von 1608 wiederholt die von 1602.
Bei der abgebildeten Karte handelt es sich um eines der raren Exemplare, die von der Ausgabe des Jahres 1602 erhalten sind. Es befindet sich in der Apostolischen Bibliothek des Vatikans (Sammlung Barberini, Orient. 150).
Die Karte ist in sechs Felder der Größe 1179 x 690 mm unterteilt und mit zahlreichen Erläuterungen versehen, die sich auf die westliche und chinesische Geschichte beziehen. Auf der "Terra australis" befinden sich der lange Text, mit dem Ricci sein Werk präsentiert, und die Verfasserangabe: "Am 17. August des Jahres 1602 von dem Europäer Marco Ricci demütig angefertigt".

Bibl.: BERNARD, 1935; D'ELIA, 1938; VACCA, 1941; MASOTTI, 1952; RICCI, 1983.

GIOVAN ANTONIO MAGINI,
"America" (aus: *Geographiae Universae ...*, Venedig 1596)

31

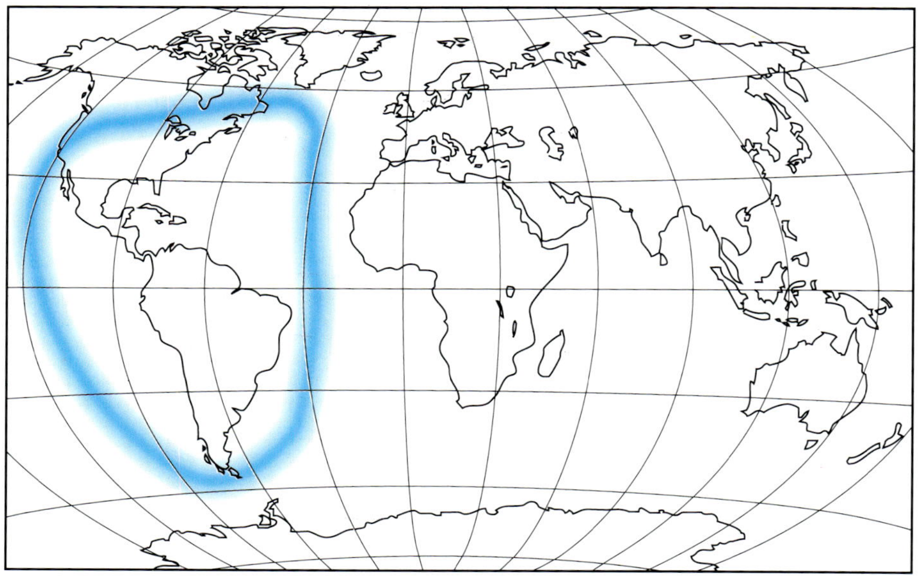

Die Erweiterung des Wissens und die damit einhergehende Entwicklung der kartographischen Darstellung der Erde verdrängten im Laufe des 16. Jahrhunderts die Bedeutung des Ptolemäus immer mehr, auf den sich noch die Neuerer im vorangegangenen Jahrhundert gestützt hatten.
Ungeachtet dessen erscheint die "Geographia" des Ptolemäus auch in der Spätrenaissance weiterhin in kommentierten Ausgaben, die dem Alten das Neue gegenüberstellen, ohne die ursprüngliche Konzeption in Frage zu stellen. Auch als bereits Werke mit entschieden modernem Ansatz wie das "Theatrum" von Ortelio vorlagen, setzte sich diese Tradition noch fort.
Typisches Beispiel hierfür ist Ende des 16. Jahrhunderts das Werk des bedeutenden Kartographen Giovanni Antonio Magini aus Padua. Es präsentiert das Werk von Ptolemäus, das zu kennen unerläßlich für das Verständnis der alten Geschichte sei ("ad priscas historias intelligendas summe necessariae"), und ergänzt es durch 37 neue Karten, die ausführlich kommentiert sind ("quibus singula orbis partes (...) prout nostro tempore habent, exacte describuntur").
Der hier abgebildeten Karte (140 x 180 mm), die in der Tradition Mercators steht, ist die ausführliche Beschreibung "Americae seu Indiae Occidentalis Descriptio" beigegeben.

Bibl.: ALMAGIA', 1922, 1948; MILANESI, 1984, 9-24; SHIRLEY, 1984, 216.

GERARDO MERCATOR, *"America Meridionalis"*
(aus: G. MERCATOR - J. HONDIUS, *Atlas*, Amsterdam 1606)

32

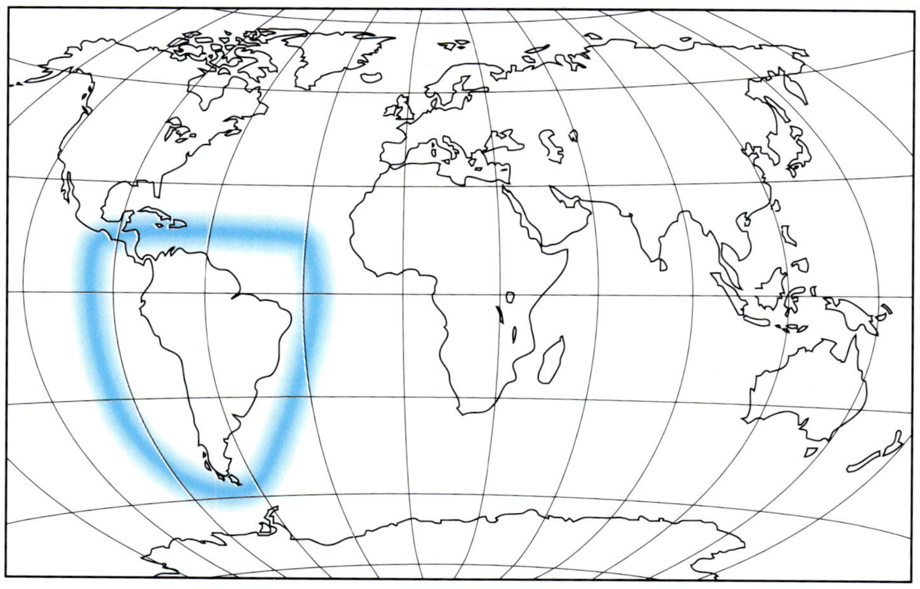

Atlanten im heutigen Sinn gibt es seit dem späten 16. Jahrhundert. Als erster wirklicher Atlas gilt bekanntlich das "Theatrum Orbis Terrarum" von Abramo Ortelio, 1570 in Antwerpen erschienen: Das Werk präsentiert eine stattliche Auswahl von Karten im selben Format, Maßstab und Projektion sind standardisiert, das qualitative Niveau der Karten ist durchgängig hoch. Der Name "Atlas" wird dann zum ersten Mal für das Werk Mercators verwendet. Mercator hatte sich seit seinen Jugendjahren mit dem Gedanken getragen, ein homogenes Kartenwerk zu schaffen, das die ganze Welt enthielt. Erst in den letzten Lebensjahren gelang es ihm, dieses Vorhaben auszuführen. Der "Atlas" wurde dann erstmals 1595 durch seinen Sohn Rumold veröffentlicht. Die vollständige Ausgabe erschien 1602 in Düsseldorf. Wenig später erwarb Jodocus Hondius aus Amsterdam die kupfernen Druckplatten, um das Werk 1606 in Amsterdam neu herauszubringen, wobei er seinen Namen dem Mercators hinzusetzte. Der Atlas von Mercator-Hondius erlebte dann zahlreiche Neuausgaben.
Die hier abgebildete Karte gehört der Amsterdamer Ausgabe von 1606 an. Die Südamerikakarte besticht durch die Klarheit der Darstellung.

Bibl.: KEUNING, 1947; TOOLEY, 1982, 31-32; TUCCI, 1977, 32-58; BROC, 1989, 115-117.

Anian.
Ulterius Septentrionem uersus hę regiones incognitę adhuc sunt.
SEPTENTRIO.
Quiuira.
Canada
Chilaga.
Terra Corte realis
HISPANIA NOVA.
Florida
MAR DEL ZVR
Circulus Aequinoctialis
He duę insulę infortunatę sunt dictę à Magellano, quod nec homines nec uictui apta haberent
Hic uspiam insulas esse Auro diuites nonnulli uolunt.
NOVA GVINEA
Andrea Corsalus Florent:
Videtur ea sub nomine Terrę Piccinnacoli designare.
MARE PACIFICO.
PERV
Patagonum regio
Fretum Magellanicu
Terra del fuego.
MARE ATLANTICVM

31

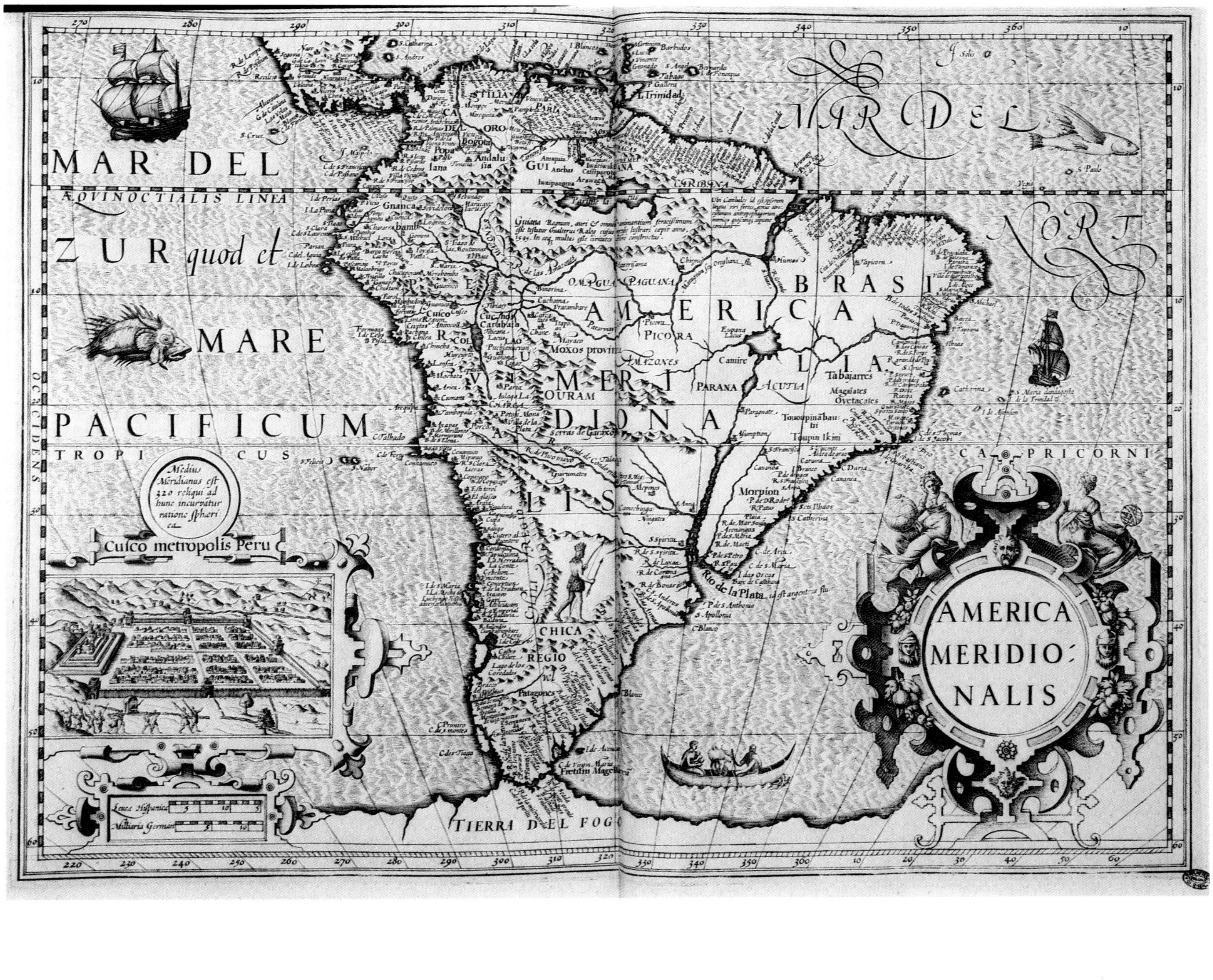

MAR DEL
ÆQVINOCTIALIS LINEA
ZUR quod et
MARE
PACIFICUM
TROPICUS
CAPRICORNI
MAR DEL NORT
Medius Meridianus est 320 reliqui ad hunc incurvatur ratione sphaerica.
Cusco metropolis Peru
AMERICA MERIDIONALIS
BRASILIA
CHICA REGIO
TIERRA DEL FOGO
AMERICA MERIDIONALIS

32

THEODOR DE BRY,
"America sive Novus Orbis ..."
(aus: T. DE BRY, *America* ..., Teil 6, Frankfurt am Main 1596)

33

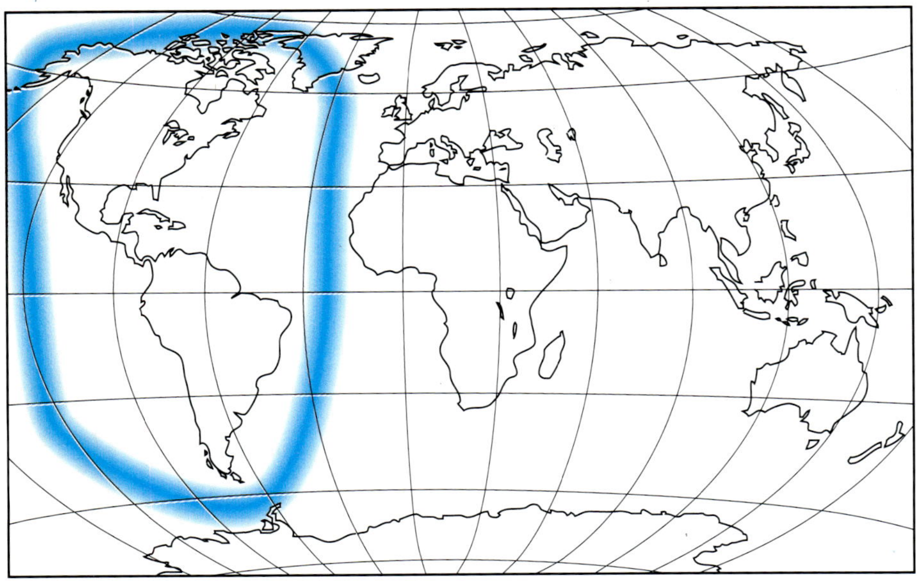

Der Lütticher Kartograph und Verleger Theodor de Bry (1528 - 1598), der ab 1570 in Frankfurt lebte, wurde durch die Herausgabe von Reisebeschreibungen berühmt. Sie erschienen in zwei Reihen. Die erste ist unter dem Namen "Große Reisen" bekannt geworden und behandelt Westindien. Die "Kleinen Reisen" beziehen sich auf Indien.
Die Herausgabe der "Großen Reisen" wurde 1590 eingeleitet. Bis zum Tod von T. de Bry konnten nur die ersten sechs Teile herausgebracht werden. Der Witwe und den Söhnen Johann Theodor und Johann Israel ist es zu verdanken, daß auch die folgenden Teile erscheinen konnten; der 13. und letzte Teil wurde durch Mathias Merian herausgegeben.
Das in der Tradition von Ramusio und Hakluyt stehende Werke, eines der gewaltigsten editorischen Unternehmungen, die wir kennen, hat sich durch den Umfang der Textauswahl und die Reichhaltigkeit der Illustration einen Namen gemacht. Die abgebildete Karte ist aus dem folgendermaßen betitelten Band: "Americae pars sexta sive Historiae ab Hieronimi Benzono Mediolanense scripta (...). In hac enim reperies qua ratione Hispani opulentissimas illas Peruani regni provincias occuparint."
Sie enthält eine elegante Darstellung der westlichen Hemisphäre mit dem nördlichen und südlichen Amerika ("Mexicana" bzw. "Peruana") und einer ausgedehnten "Terra Australis Magellanica" vor dem Hintergrund eines von Schiffen befahrenen Ozeans. An den Seiten wichtige Entdecker und Eroberer: Kolumbus, Vespucci, Magellan, Pizarro.

Bibl.: BOUCHER DE LA RICHARDERIE, 1808, I, 55; BOHME, 1904; SABIN, 1961, III, 20-62; BROC, 1989, 27.

THEODOR DE BRY,
"Arcis Carolinae delineatio", "Cervorum venatio"
(aus: T. DE BRY, *America* ..., Teil 1, Frankfurt am Main 1591)

34-35

Bei der Behandlung Floridas in der Sammlung der "Großen Reisen" (vgl. Text zu Tafel 33) folgt auf die Beschreibung ("Narratio") die Bebilderung: "Indorum Floridam provinciam inhabitantium eicones primum ibidem ad vivum espressae a Jacobo Le Moyne (...) nunc vero recens a Teodoro De Bry leodiense in aes incisae et vulgatae." Es handelt sich um Stiche, die klar und eindringlich die Gebräuche, Zeremonien, Arbeiten und Kämpfe der Ureinwohner dokumentieren. Tafel X trägt die hier wiedergegebene Abbildung "Arcis Carolinae Delineatio"; die Hirschjagd wird auf Tafel XXV dargestellt und so erläutert:"Industria ad cervos capiendos utuntur Inde, unquam a nobis ante conspecta: maximorum quos capere potuerunt cervorum pelles ita corpori applicari norunt, caput suo capiti accomodantes, ut per oculorum foramina, tamquam per larvam conspicere possint ..."

Bibl.: Vgl. Text zu Tafel 33.

H. HONDIUS, *"Poli Arctici et circumiacentium terrarum descriptio novissima"* (aus: G. MERCATOR - J. HONDIUS, *Atlas Novus*, Bd. 1, Amsterdam 1638)

36

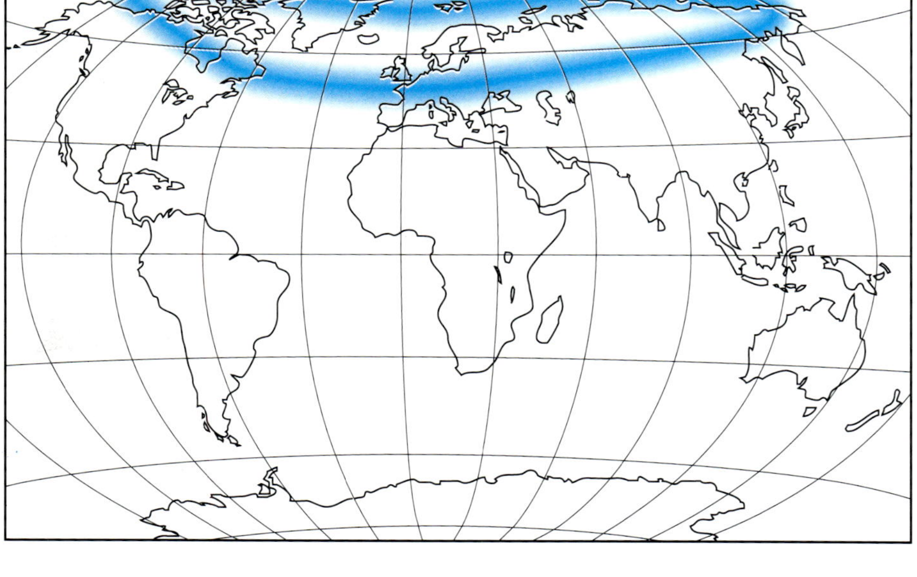

Der mercatorsche Atlas hatte die Summe der Renaissance-Kartographie gezogen und höchstes wissenschaftliches Niveau erreicht. Der Erfolg, den seine Ausgaben hatten, war entsprechend groß. Nach dem Übergang der Rechte auf den niederländischen Kartographen Jodocus Hondius zu Anfang des 17. Jahrhunderts kam es zu zahlreichen Neuausgaben, die um weiteres Material ergänzt wurden und rasche Verbreitung fanden.
Die wiedergegebene Karte ist dem 1. Band des "Atlas Novus" entnommen ("Gerardi Mercatoris, I. Hondii Atlas Novus, sive Descriptio Geographica Totius Orbis Terrarum"), der im Folioformat 1638 in Amsterdam "apud Henricum Hondium et Joannem Jansonium" herausgegeben wurde. Die erste der insgesamt 104 Karten dieses Bandes zeigt unter dem Titel "Polus Arcticus" die Arktis und die umliegenden Gebiete. Die Erläuterungen zur Karte machen deutlich, wie wenig bekannt die Erde in den nördlichen Breiten noch war. "Ad regiones sub Polo Arctico circumiacentes venimus, quae sunt Groenlandia, Frislandia, Nova Zemlia, cum aliis nonnullis de quibus breviter, quantum quidem cognitae sunt, agemus": Die angebotenen Informationen greifen teils auf das Altertum zurück, teils beziehen sie sich auf jüngste Entdeckungen.
Was die Neue Welt betrifft, umfaßt die Karte Grönland, "insula ignota adhuc maxime ex parte". Amerika harrte hier noch seiner Erforschung.

Bibl.: GALLOIS, 1890; KOEMAN, 1967, II, 284-549; TUCCI, 1977; TOOLEY, 1982, 31-33; SHIRLEY, 1984, 293-296; BROC, 1989, 117.

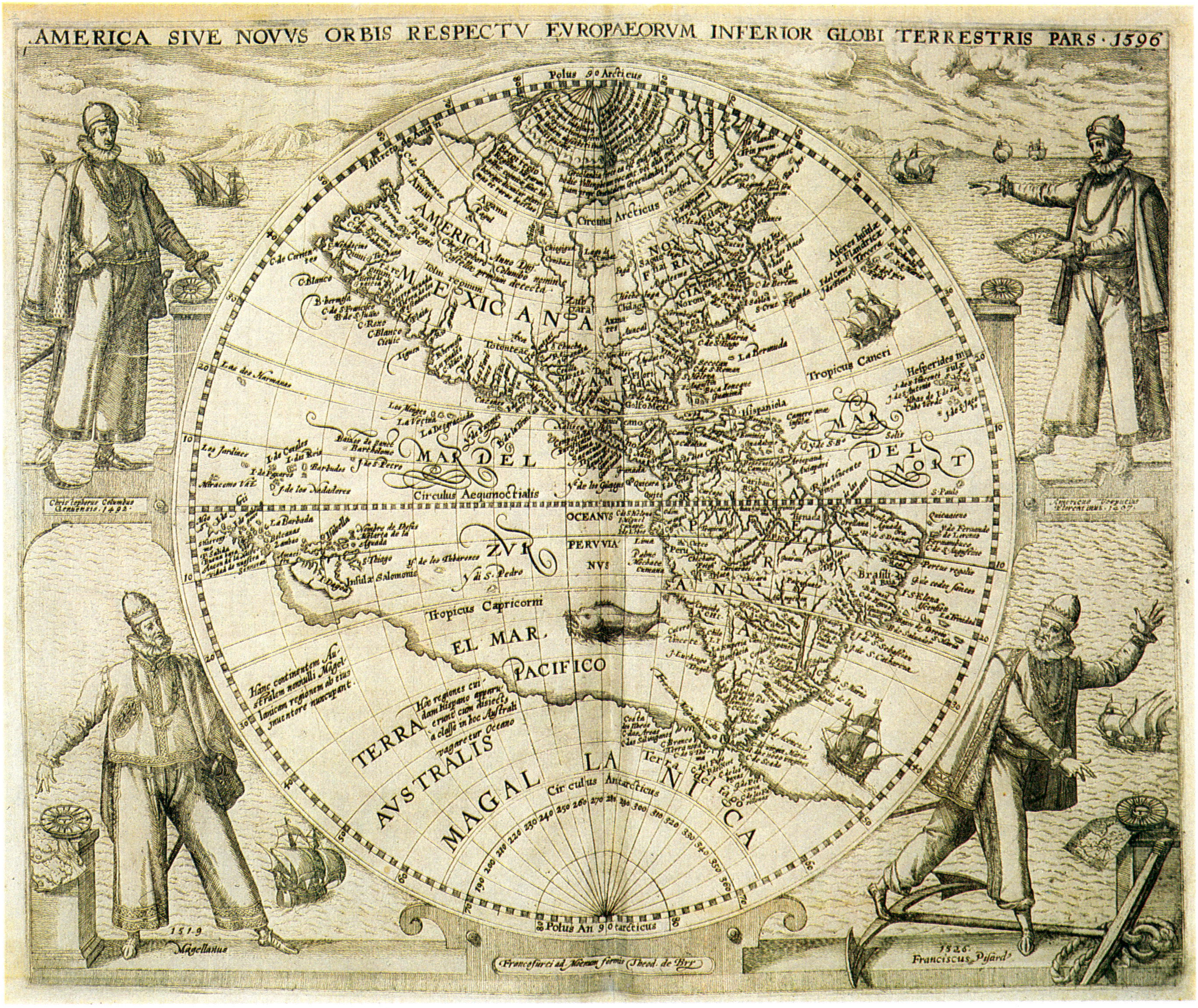
AMERICA SIVE NOVVS ORBIS RESPECTV EVROPAEORVM INFERIOR GLOBI TERRESTRIS PARS·1596
Polus 90 Arcticus
Tropicus Cancri
MAR DEL NORT
MAR DEL
Circulus Aequinoctialis
Tropicus Capricorni
EL MAR PACIFICO
TERRA AVSTRALIS
MAGAL LA NICA
Circulus Antarcticus
Polus An 90 tarcticus
1519 Magellanus

33

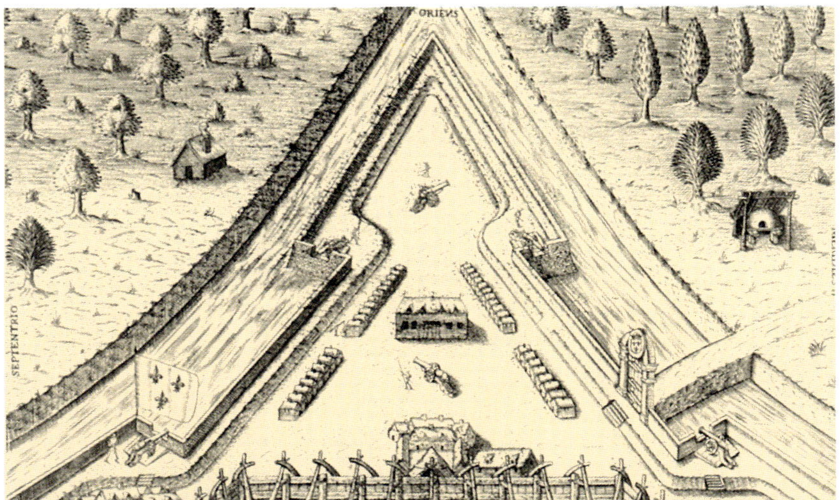
ORIENS
SEPTENTRIO
OCCIDENS

34

35

AMERICÆ
SEPTEN
TRIONALIA
INCOGNITA
CIRCULUS
New North Wales
Buttons Bay
Port Nelson
New South Wales
James his Bay
Hudsons Bay
Baffins Bay
NOVA
BRIT
TANNIA
Fretum Hudson
FRETUM DAVIS
Meta Incognita
Canada
Terra Noua
Cumberlands iles
Resolution isle
Desolation
C. Farewel

TARTARIÆ
MARITIMA
INCOGNITA
TARTA
RIÆ
PARS
BAIDA
Lucomorye
IOUGHORIA
NAGAIA HORDA
KOLMACKI
KOLMACKI
BULGARIA
Astracan
SAMOIEDA
NIAREN MORE
Nova Zemla
MOURMANSKOY MORE
Spitzberge
OCEANUS SEPTENTRIONALIS
LAPPONIA
SVECIA
Finlandia
NORVEGIA
CASAN
MOSCOVIA
MORDUA
Pole
Dikoia
Wologda
Megrina
LITHUANIA
Severiensis Ducatus
POLONIA
Mare Balticum
MARE GERMANICUM
SCOTIA
ANGLIA
HIBERNIA
GERMANIÆ PARS

"Virginiae item et Floridae Americae Provinciarum nova descriptio" (aus: G. MERCATOR - J. HONDIUS, *Atlas Novus*, Bd. 3, Amsterdam 1636)

37

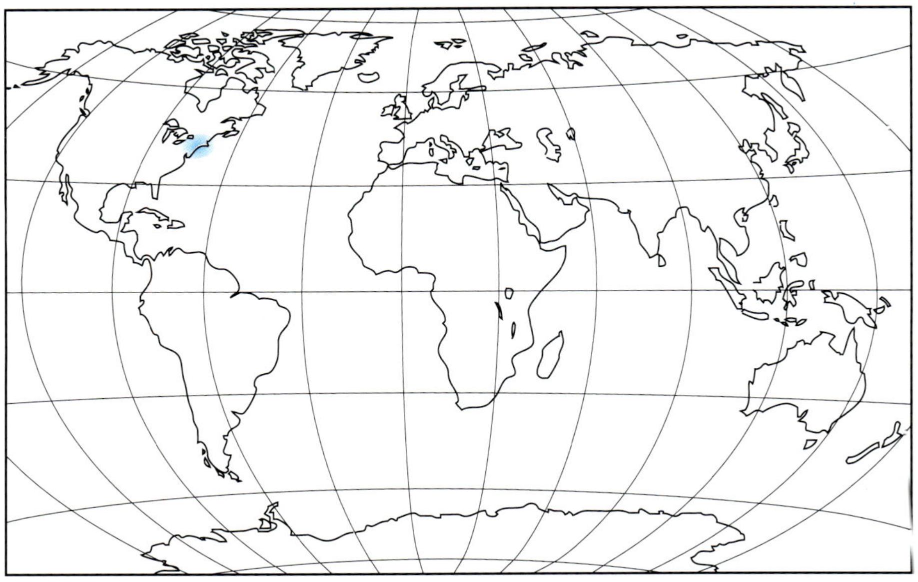

Der 3. Band des "Atlas Novus" von Mercator-Hondius (vgl. Text zu Tafel 36) erschien 1636 in Amsterdam "sumptibus et typis aeneis Henrici Hondj" und enthält die Karten zu Italien, Griechenland, den wichtigsten Mittelmeerinseln sowie zu Asien, Afrika und Amerika.
Auch wenn sich das Gesamtwerk als Weltatlas verstand, räumte es doch Europa den meisten Platz ein: den ersten und zweiten Band und einen Teil des dritten. Europa sind Einzelgebietskarten und topographische Karten gewidmet. Die restliche Welt ist in dem verbleibenden Teil des 3. Bands versammelt: Asien ist mit 14, Afrika mit 6 und Amerika mit 18 Karten vertreten. Der damit noch relativ umfangreiche amerikanische Teil spiegelt die eingetretenen Fortschritte bei der Erforschung und kartographischen Erfassung des neuen Kontinents wider. Ein Beispiel ist die hier abgebildete Karte von Virginia.
Das nordamerikanische Gebiet war inzwischen von den Engländern erreicht worden. Der Begleittext macht Angaben zum Namen Virginias ("ante Apalchen vocitata") und beschreibt ausführlich die Orte, die Namen der Volksstämme, die Religionen und Gebräuche, die Städte und die Geschichte der Eroberung.
Wie üblich sind in die Karte Illustrationen eingesetzt, die sich auf einige dieser Punkte beziehen.

Bibl.: Vgl. Text zu Tafel 36.

"Freti Magellanici ac novi freti vulgo La Maire exactissima delineatio" (aus: G. MERCATOR - J. HONDIUS, *Atlas Novus,* Bd. 3, Amsterdam 1636)

38

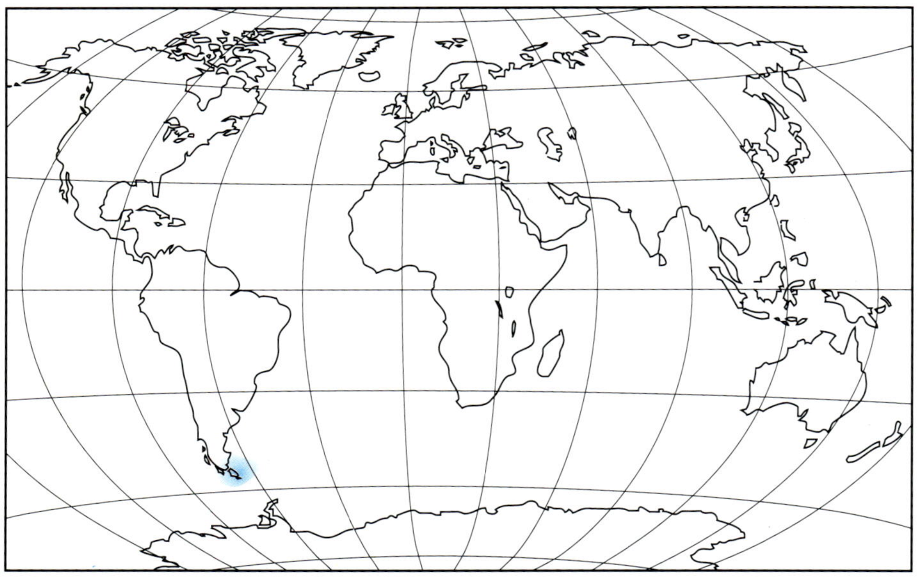

Der große Atlas von Mercator-Hondius enthält im 3. Band nacheinander Karten zu ganz Amerika, Nordamerika, Neu-England, Neu-Belgien, den Bermudas, Virginia, Florida, Neu-Spanien und Neu-Galizien sowie den Inseln im Golf von Mexiko. Es folgen: Südamerika, Venezuela, Guyana, Brasilien, Peru, Paraguay, Chile, die Magellanstrße. Der Zyklus endet mit einer Darstellung des "Polus antarcticus". Das Gesamtwerk war ja mit einer Nordpolkarte eingeleitet worden.
Die abgebildete Karte, "Fretum Magellanicum", zeigt in allen Einzelheiten die 1520 von dem portugiesischen Seefahrer gefundene Durchfahrt. Sie enthält auch die jenseits der Magellanstraße gelegenen Gebiete samt dem "Fretum Lemarii" genannten Teil. Die Südspitze des Kontinents war von Iacobus Lemarius, Sohn von "Isaci Lemarii Antwerpiani", entdeckt worden.

Bibl.: Vgl. Text zu Tafel 36.

Civitatum Floridæ imitatio.
Civitatum Virginiæ forma
VIRGINIAE
Item et
FLORIDAE
Americæ Provinciarum, nova
DESCRIPTIO.
AMERI CÆ
PARS.
VIR
GINIA
SECOTAN
FLO RI DÆ
PARS
Apalatcy Montes auriferi
Midius Meridianus est 300, reli:
qui ad hunc inclinantur pro ratione
30. & 37. parallelorum.
37

Notitia
Locorum circa Fretum Magell
MAR DEL
NORTE
Fretum Magellanicum
MAR
DEL ZUR
NOVUM
MARE
AUSTRALE
TIERRA DEL FUOGO
Fretum le Maire
FRETI MAGEL
LANICI
ac novi FRETI vulgo
LE MAIRE
exactissima delineatio
Miliaria Germanica communia
Miliaria Gallica communia
38

Accuratissima
Brasiliæ
Tabula.
Amstelodami
Henricus Hondius excudit.
Baya de todos os Sanctos
Capitania de S. Vincent
Capitania de Rio de Ianeiro
Cap. de Spiritu Sancto
Capitania de Porto Segur
Mar
Meridies

Villa d'Olinda de Pernambuco
CAP. DE LA BAHIA
Topimanbazes
Maraquites
CAP. DE PERNAMBUCO
CAP. DE TAMARACA
CAP. DE PARAYBA
NORT
EL
Septentrio
I. Maranhan
Baxos de S. Roque
Ilha de Fernaõ de Noronho
Vigia
Roca
C. Blanco
S. Alexo
C. de S. Agostinho
Germanica communia
Gallica communia

H. HONDIUS, *"Accuratissima Brasiliae Tabula"* (aus: G. MERCATOR - J. HONDIUS, *Atlas Novus,* Bd. 3, Amsterdam 1636)

39

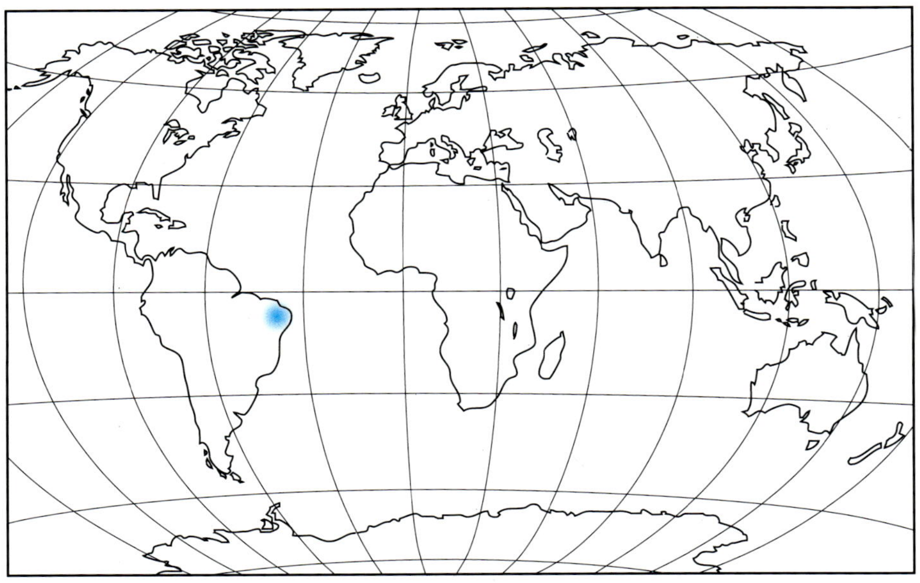

"Brasilia inter duos fluvios sita est, Maragnon et della Plata (...) Regio tota imprimis amoena est, caeli admodum jucunda salubrique temperies; (...) scatet haec tota ferme plage fontibus et sylvis et amnibus inclytis, e quibus is, quem Argenteum vocant...".
Diese Beschreibung gibt der Begleittext zur Karte, die "descriptio". Brasilien wird dann in 14 "praefecturas sive capitanias" unterteilt: "Param, Maranhaom (...), Ciaram, Riogrande, Parayban, Tamaracam, Pernambucum, Seregipen, Bahiam, Ilheos, Spirito Sancto, Porto Seguro, Rio de Janeiro, San Vincente." Oben auf der Karte eine Darstellung der "Baya de todos os Sanctos" und von Olinda, "urbs (...) edito loco posita ad mare, plures ambitu suo continens colles. Adeo situs eius est irregularis ut vix industria humana muniri possit."

Bibl.: Vgl. Text zu Tafel 36.

Windrose (aus: GIO. FRANCESCO MONNO, *Arte della Vera Navigazione* ..., 1633) (Genua, Biblioteca Universitaria)

40

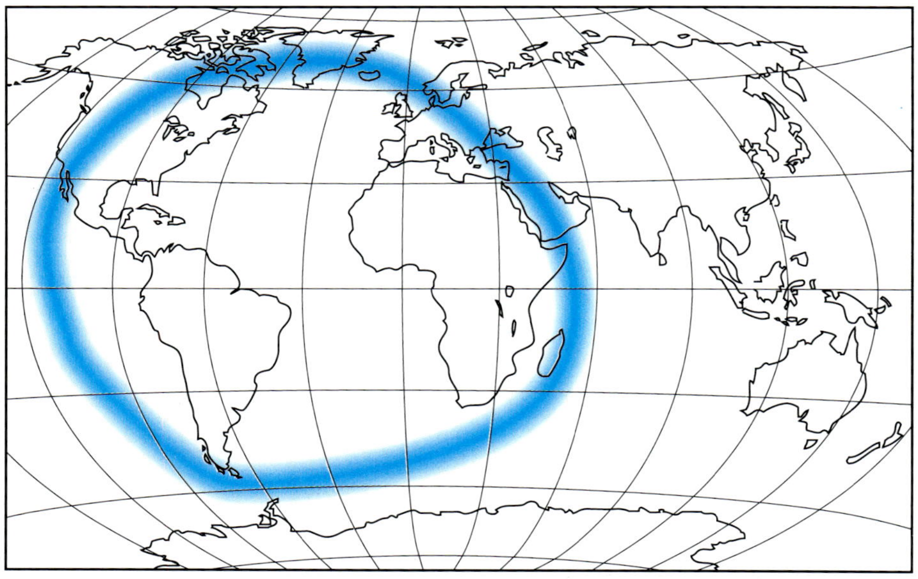

Die Windrose enthält in ihrem Zentrum eine Darstellung des Atlantischen Ozeans samt den Kontinenten, die ihn einschließen. Klar ausgeprägt die Neue Welt, mit den Bezeichnungen "Mexicana" und "America"; unten eine ausgedehnte "Terra incognita". Das abgebildete Blatt (Format 345 x 240 mm) gehört einem in der Universitätsbibliothek von Genua aufbewahrten Band an (F.VII 4), der folgendermaßen betitelt ist: "Arte della Vera Navegatione con il Regimento della Tramontana et del Sole, di Gio. Francesco Monno (...) con uno Portolano con le Coste figurate di tutti li Porti da stantiar Vascelli, co i luoghi pericolosi di tutto il Mare Mediterraneo. Carta Mediterranea con il giusto luogo de Gradi et vera via de Venti". Das Werk stammt aus dem Jahr 1633 und enthält auch interessante Abbildungen nautischer Instrumente.

Bibl.: MAGRINI, PICOTTI, REVELLI, 1934, 140-141; R.H. RAINERO, 1985, I, 107-114.

pali, ma trà essi se ne scrivono altri otto (come nella seguente figura si può vedere) quali derivano il lor nome da quelli dui, che in mezo si ritrouano, come quello che nasce trà Tramontana et Greco si chiama Grecotramontana, et così de mano in mano, et si aggiongono altri sedeci venti trà

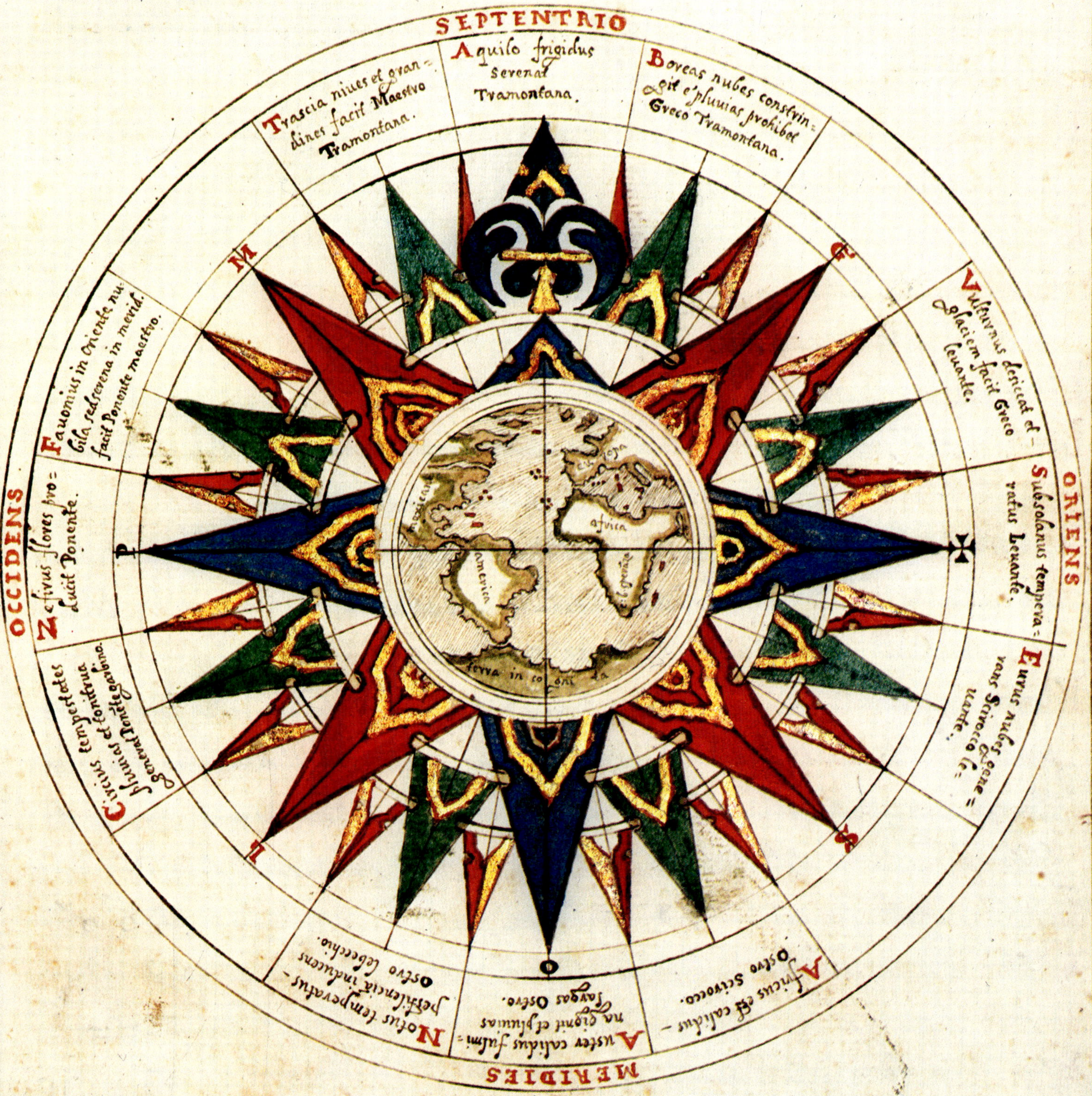

tutti gli predetti, à qualli danno nome di quarta, di quelli trà cui sono posti, come frà tramon= tana et Grecotramontana, vi è la quarta di tramontana verso Greco; et trà Grecotramon= tana et Greco, quella di Greco verso tramontana, et così de mano in mano.

Pronostichi di

"Venezuela atque occidentalis pars Novae Andalusiae"
(aus: J. VAN LAET, *Novus Orbis*, Leiden 1633)

41

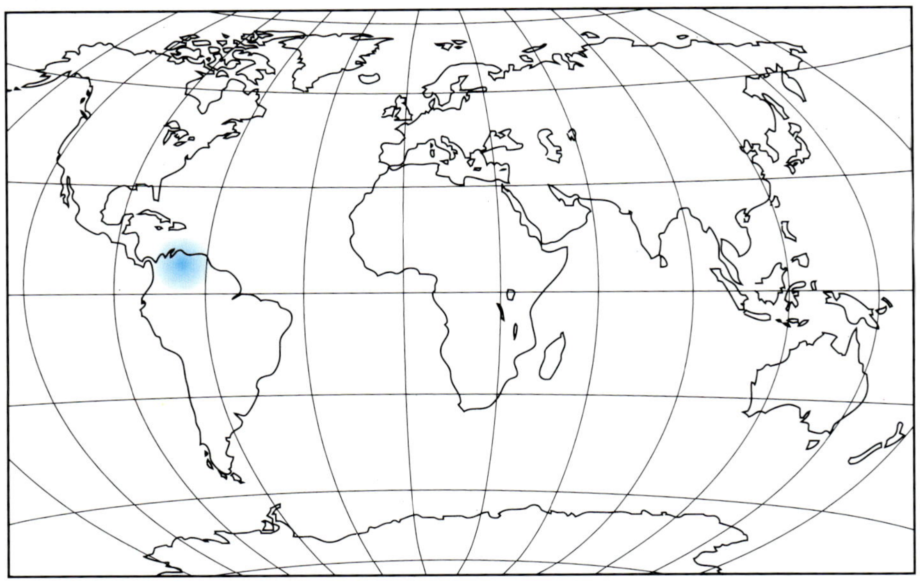

Von dem Gelehrten Jan Van Laet, Historiker und Geograph, erschienen zwischen 1625 und 1641 verschiedene wichtige Monographien zu europäischen Ländern, Persien und dem Reich des Großmoguls in der lateinischsprachigen Reihe "Respublicae". Diese erschien in Leiden und enthielt statistisch-topographisch orientierte Darstellungen der Länder der Weilt. Sie war von Isaac Elzevir initiiert. 1633 erschien die reich illustrierte Amerikamonographie "Novus Orbis seu descriptionis Indiae Occidentalis Libri XVIII, Novis Tabulis geographicis et variis animantium, plantarum, fructumque iconibus illustrati". Sie ist ein Beleg für das erwachte Interesse Hollands an der Neuen Welt, wie schon an Indien. Das Werk stellt die einzelnen Teile des amerikanischen Kontinents dar, wobei es das bereits vorliegende Material aufarbeitet. Die abgebildete Karte mit dem Titel "Venezuela ..." enthält eine präzise Darstellung des betreffenden Gebiets, dem dann auch eine ausführliche Abhandlung gewidmet ist.

Bibl.: BROC, 1989, 106

NICOLAS SANSON, *"Audience de Mexico"*,
(aus: N. SANSON, *L'Amérique*, Paris 1683)

42

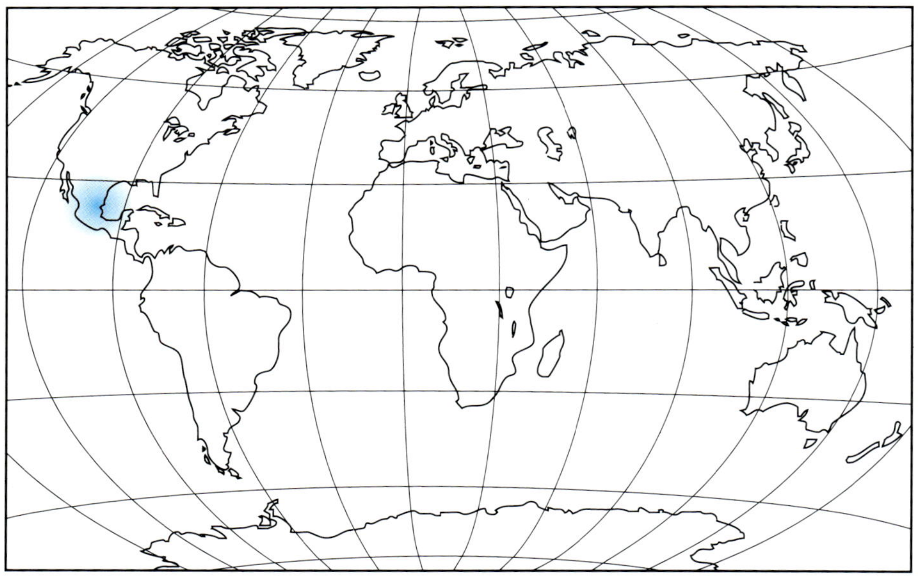

Im Zusammenhang der großen geographischen Gesamtdarstellungen der Neuen Welt darf der Name von Nicolas Sanson nicht fehlen. Der führende französische Geograph (1600 - 1677) war ab 1642 offizieller Hofgeograph des französischen Königs.
Mit dem Thema Amerika setzte er sich wiederholt auseinander, sei es in Abhandlungen beschreibender Natur, sei es in seiner Kartenproduktion, die Karten ganz Amerikas und einzelner Teile enthält. Diese Karten waren z.T. auch lose im Umlauf.
Hervorzuheben ist sein 1657 in Paris erschienenes Werk "L'Amérique en plusieurs cartes et en divers traittés de géograhie et d'histoire ...". Es ist nach Kapiteln aufgebaut, die die verschiedenen Teile des Kontinents behandeln, wobei der natürlichen oder politischen Untergliederung gefolgt wird. Die Abhandlungen werden durch präzise Karten des jeweiligen Gebiets ergänzt. Die hier abgebildete Karte "Audience de Mexico" ist einer späteren Ausgabe entnommen.

Bibl.: PASTOREAU, 1984 , 392-394; TOOLEY, 1982, 40.

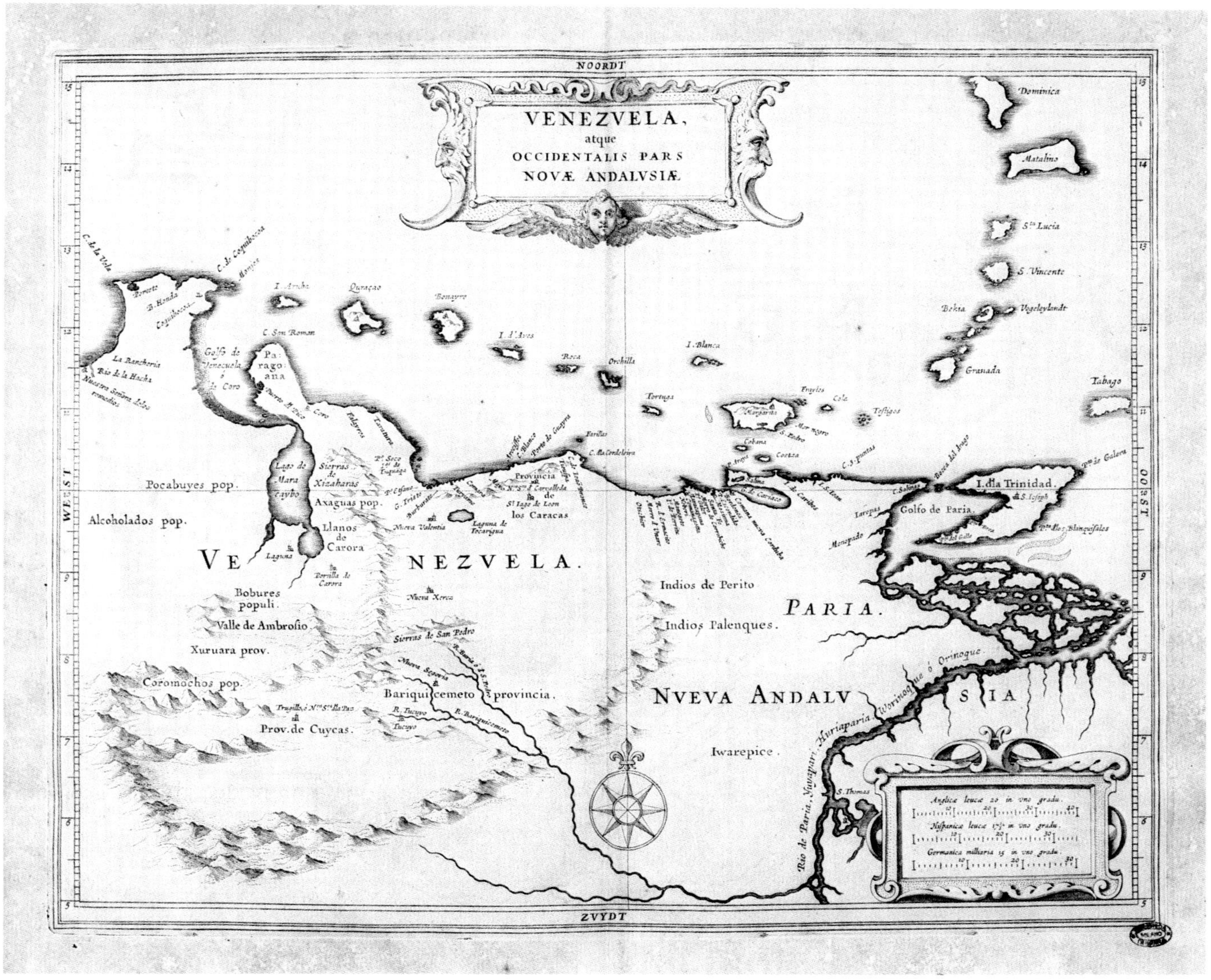
NOORDT
VENEZVELA,
atque
OCCIDENTALIS PARS
NOVÆ ANDALVSIÆ
WEST
OOST
ZVYDT
Dominica
Matalino
S.te Lucia
S. Vincente
Granada
Tabago
I. Blanca
Orchilla
Bonayre
Curaçao
I. Aruba
I. d'Aves
Lago de Mara cäybo
Golfo de Venezuela
Paraguana
I. dla Trinidad
Golfo de Paria
Pocabuyes pop.
Alcoholados pop.
Axaguas pop.
Llanos de Carora
VE NEZVELA.
Provincia
los Caracas
Bobures populi.
Valle de Ambrosio
Xuruara prov.
Coromochos pop.
Prov. de Cuycas.
Bariquicemeto provincia.
Indios de Perito
Indios Palenques.
PARIA.
NVEVA ANDALV SIA
Iwarepice.
Anglica leuca 20 in vno gradu.
Hispanica leuca 17½ in vno gradu.
Germanica milliaria 15 in vno gradu.

41

Septentrion
AUDIENCE DE
MEXICO
Par N. Sanson d'Abbeville
Geogr ordin du Roy
AUDIENCA DE
FLORIDA
GUADALA
IA
RA
AUDI
EN
CA
ZACATECAS
GOLFO
DE
MEXI
CO
MEXICO
ME
XI
CO
DE
LOS ANG
ANGELES
ANTEQUERA
GUA
XA
CA
MAR DEL
SUR sive MARE
PACIFICUM.
CIUDAD REAL
CHIAPA
AUDIENCA
DE
GUA
TIMALA
HONDURAS
GOLFO DE HONDURAS
Golfo de Gua
Chetumal
VALLADOLID
MERIDA
Yucatan
Campeche
A. d' Winter sculp

42

HAVANA
Portus
S.t DOMINGO
CARTAGENA.
MEXICO
Groenlandi.
Virginiani.
Rex et Regina Floridæ.
Novæ Albionis Rex.
Mexicani
Septentrionalissimas Americæ partes, Groenlandiam puta, Islandiã et adjacentes, quod Americæ tabulæ commodé comprehendi non poterint, peculiari hac tabella Spectatoribus exhibendas duximus.
AMERICA
SEP
TENTRION.
NOVA
GRANA
Tropicus
Caneri
MAR
DEL
CIRCULUS ÆQUINOCTIALIS
OCEANUS
ZU
Tropicus Capricorni
PERUVIA
MARE
PA
CI
CUM
AMERICÆ
nova Tabula.
Auct. Guilielmo Blaeuw.
Cum privilegio decem annorum.
TERRA AUSTRALIS INCOGN
Waterlandt
Eylandt sonder gront
Vliegen Eylant
Honden Eylant

POTOSI
I. LA MOCHA in Chili
RIO IANEIRO
OLINDA in Pharnambucco
Frislant
EUROPÆ
HISPANIA PARS
OCEANUS
Açores insulæ
Flandricæ
I. Canariæ olim Fortunatæ
ATLANTICUS
MAR DEL NORT
AFRICÆ PARS
La Bermuda
I. de C. Verde
NOVA
Canada
Terra Nova
Virginia
Spagnola
GUIANA
AMERICA MERIDIONALIS
BRASILIA
Patagones
Fretum Magallanicum
Fretum le Maire
Peruviani
Brasiliani
Brasiliani milites
Insulani de la Mocha in Chili
Freti Magellanici accolæ

"America nova tabula" (aus: J. BLAVIUS, *Atlas Maior sive Cosmographia Blaviana*, Bd. 11, Amsterdam 1662)

43

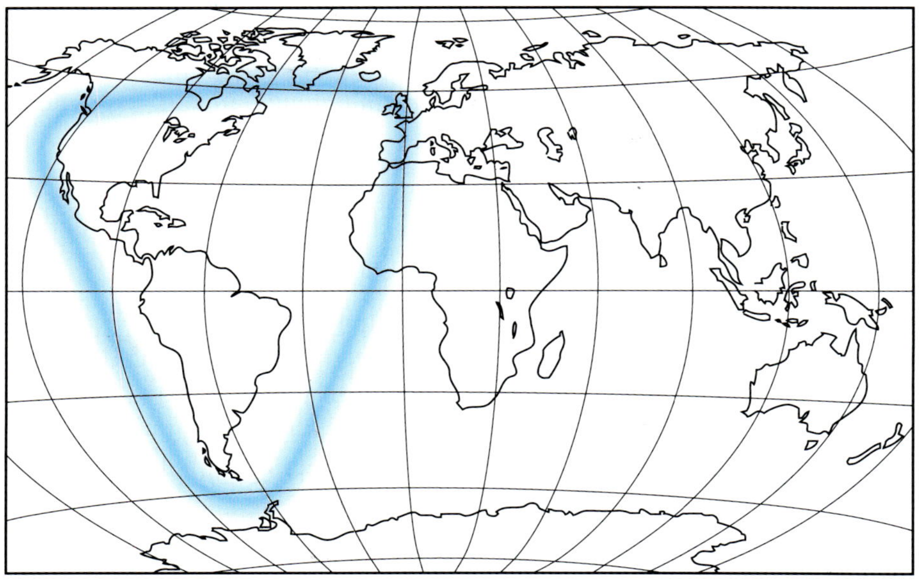

In der Geschichte der niederländischen Kartographie des 17. Jahrhunderts nehmen die Blaeus einen führenden Platz ein. Neben Willem Janzoon Blaeu (lateinisch Blavius), Hersteller von Globen und astronomischen Instrumenten sowie Herausgeber von Drucken und Kartograph in Amsterdam (1571 - 1638), sind die Söhne Johan und Cornelius sowie Willem bekannt. Unter ihren zahlreichen Werken ragen die großen Atlanten heraus: der 1635 erschienene "Theatrum Orbis Terrarum sive Atlas Novus" von Willem, bis 1655 in Neuausgaben erweitert, und der "Atlas Maior sive Cosmographia Blaviana" von Johan (1596 - 1673), 1662 herausgekommen. Elfbändig und im Folioformat, dürfte dieses Werk zu den umfangreichsten Atlanten überhaupt gehören. Möglich wurde es dadurch, daß bereits vorliegendes Kartenmaterial wiederverwendet werden konnte. Von den 11 Bänden behandeln 8 Europa; der Neuen Welt ist der ganze 11. Band gewidmet. Den Karten sind ausführliche Begleittexte beigegeben. Die abgebildete Karte "Americae nova tabula" stammt von Willem ("Auctore Guiljelmo Blaew"). Sie stellt ganz Amerika dar und leitet den Band ein. Neun Ovale im oberen Teil der Karte zeigen einige der wichtigsten Städte auch der präkolumbianischen Epoche, am rechten und linken Rand sind Darstellungen ethnographischen Inhalts angebracht.
Der Stand der geographischen Kenntnisse über den Kontinent und seine Untergliederung wird aus dem Kommentar zur Karte deutlich: "Distinguitur America in duas peninsulas quarum una est septentrionalior, altera meridionalior, illa Mexicana haec Peruviana dicta est, exiguo Isthmo alteram ab altera discernente. Dimidia eius pars versus Occidentem aestivum sita, introrsus plane incognita etiam nunc jacet; nec praeter litora, in ea detectum. Boreale universae Americae latus in quantum hypareticae objacet, prorsus latet. Altera verò pars in regiones dividitur complures..."

Bibl.: WAUWERMANS, 1895; PHILLIPS, 1909, I, 196-97; KOEMAN, 1967, I, 199-227; TUCCI, 1977; TOOLEY, 1979, 61; [1949] 1982, 33-34; SHIRLEY, 1984; BROC, 1989, 127-28.

"Nova Belgica et Anglia Nova" (Ausschn.) (aus: J. BLAVIUS, *Atlas Maior sive Cosmographia Blaviana*, Bd. 11, Amsterdam 1662)

44

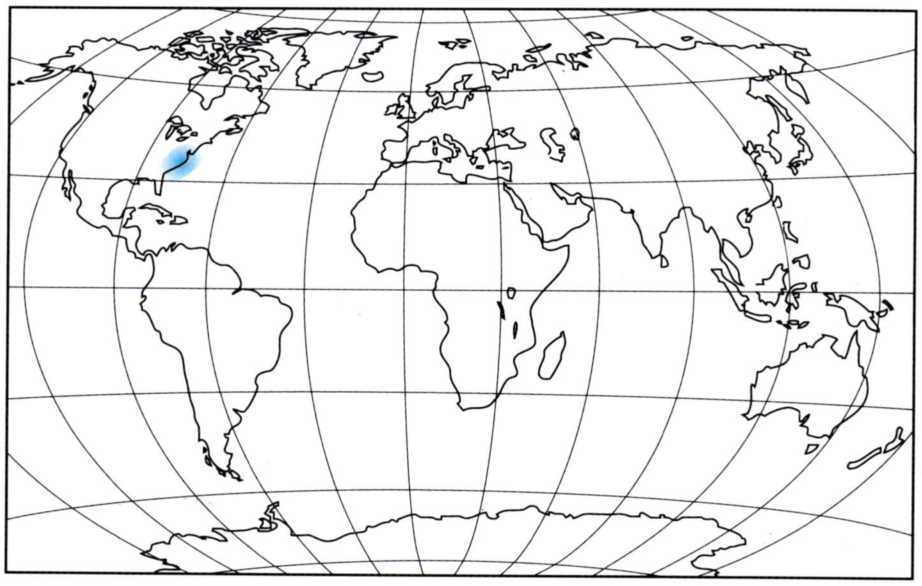

Auf die einleitende große Amerikakarte folgen im Atlas von J. Blavius (vgl. Text zu Tafel 43) die Karten mit Darstellungen der einzelnen Gebiete, die jeweils in einem Begleittext ausführlich beschrieben werben.
Hier abgebildet ist ein Ausschnitt der Karte zu Neu-Belgien und Neu-England. Die Karte, die so orientiert ist, daß Norden nach rechts zeigt, beschränkt sich auf morphologische Hauptelemente, der Küstenverlauf wird besonders herausgearbeitet. In sie eingefügt ist eine Anzahl von Illustrationen vor allem zur örtlichen Fauna. Der Kartenausschnitt umfaßt das Gebiet, auf dem die Ansiedlungen Neu-Amsterdam (das heutige New York) und New Pleymouth liegen.
Zur Lage von Neu-Amsterdam führt der Begleittext aus: "Dextram, sive orientalem fluminis ripam, ab ipsis faucibus accolunt Manhattae, sive Manathanes, ferox natio et Belgis iniquior; a quibus tamen illi redemerunt. Insulam seu terrae angulum, quem.
Inferni os a reliqua continente dirimit, ibidemque arcis et oppidi fundamenta jecerunt Novi Amstelodami nomine..."
Zu New Pleymouth heißt es: "Est autem sinus (...) amoenissimo solo undinaque cinctus, duas insulas nemorosas, coetera incultas et desertas, suo gremio complectens, piscosus admodum et variis aquatilium avium generibus pro tempestatum ratione scatens (...). Juxta hunc sinum (...) Nova Pleymoutha (...), in acclivi solo et Jam olim a barbaris culto".

Bibl.: Vgl. Text zu Tafel 43.

chuques
Sand Bay
Sanhikans
Tappaens
Noord Rivier
Manatthans
Makimanes
Quirepeys
Maquaes
Fort Orange
Wecke
Mahikans
Sequins
Nawaes
NEBELGIVM
Morhicans
Pequatoos
NOVVM NEDERLANDT
Versche Rivier
Vrissche Rivierken
Oester Rivierken
Matouwacs
Vischers hoeck
Canoo, sive Naviculæ
e corticibus arborum.
Navis ex arboris trunco
igne excavata.
Adriaen Blocx
Eylandt
Anckerbay
Chaloep Bay
Nahicans
Hendrick Christi
aensz Eylandt
Texel
Zuyder
zee
Vlie
lant
Horicans
Lacus
Irocoisiensis
IROCOISIA
NIEV ENGELANDT
NOVA ANGLIA
Cabeljaus
Eylandt
Drie hoecken
Koock Eylant
Staten Bay
Noord zee
Vlacke hoeck
Anglis C. Malabarre
Gr. Willems Bay
Wyngaerts Eylant
Point davis
Rivier
Chovacoet
De Schilpad
't Schip
Baia d. S. Luc
'thoge Eylant
De gesaeyde Eylanden
Reygers Eylandt

"Praefectura de Paraiba et Rio Grande" (aus: J. BLAVIUS, *Atlas Maior sive Cosmographia Blaviana*, Bd.11, Amsterdam 1662)

45

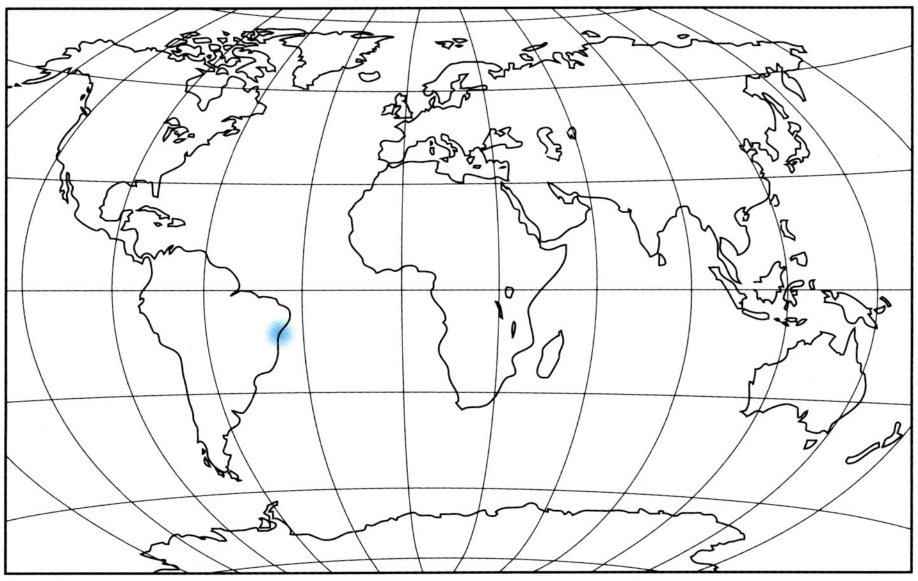

Brasilien wird in dem großen Atlas von J. Blavius sehr ausführlich behandelt. Auf einen allgemeinen Teil ("Brasiliae nomine comprehenduntur amplissimae provinciae in Continente Australis Americae, qua Ortum Solis spectat, juxta oras Oceani Atlantici expansae") samt kartographischer Darstellung folgen die 14 "Praefecturae": "Param (...), Maranhaom, Ciaram, Rio Grande, Paraybam, Tamaracam, Pernambuco, Seregipen, Bahiam, Ilheos, Spirito Santo, Porto Seguro, Rio de Janeiro et San Vincente".
Die abgebildete Karte, bei der Norden rechts ist, stellt das Gebiet von Paraiba und Rio Grande dar.

Bibl.: Vgl. Text zu Tafel 43.

"Praefecturae Paranambucae Pars Borealis" (aus: J. BLAVIUS, *Atlas Maior sive Cosmographia Blaviana*, Bd. 11, Amsterdam 1662)

46

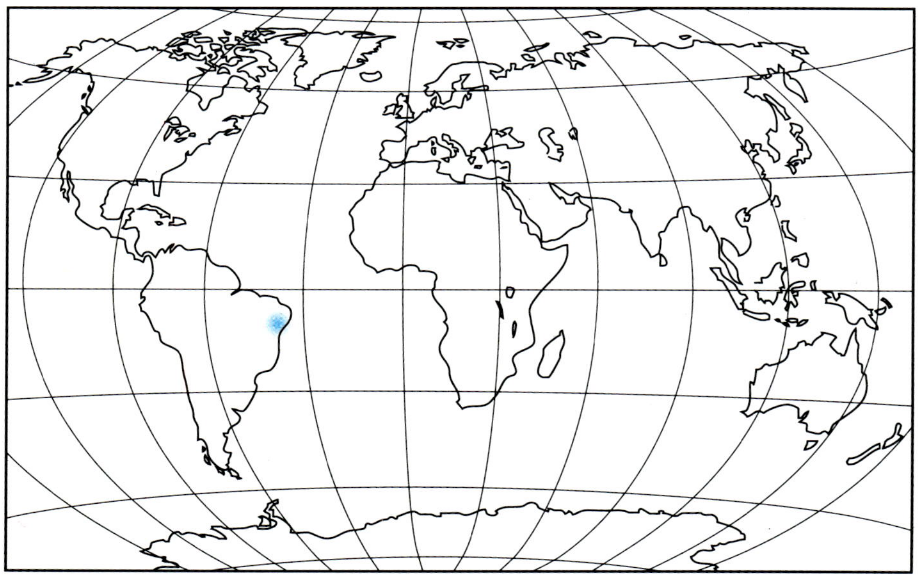

"Capitaniae Pernambucensis Dominus est Eduardus Albuquerquius; ea latissime patet, nimirum ad urbe Olinda versus Austrum leucas circiter 40 ad flumen usque S.Francisci juxta quod superioribus annis agenti fodinam inventam volunt, quam tamen Rex egeri vetaverit: ab hoc flumine versus Arctum sita est Alagoa, ubi duo amnes in Oceanum exeunt; hic quinque aut sex machinae sacchariae structae sunt, quae quotannis parum sacchari conficiunt; huic ad eandem plagam proximus est Portus Calvus, juxta quem sunt septem aut octo machinae, (..)."
Der Verwaltungsbezirk Pernambuco gehörte mit den Gebieten, die das heutige Nordostbrasilien ausmachen, zu den ersten Territorien, die unter portugiesische Herrschaft fielen. Die Wirtschaft in diesen Landesteilen war lange Zeit durch den Zuckerrohranbau bestimmt.
Die Karte und die Darstellung im Begleittext (siehe den wiedergegebenen Auszug) behandeln nicht nur geographische Lage und morphologische Merkmale, sondern gehen auch auf die Ansiedlungen und die wirtschaftlichen Tätigkeiten ein.

Bibl.: Vgl. Text zu Tafel 43.

PRÆFECTURÆ DE PARAIBA, ET RIO GRANDE
A CAPITANIA DE RIO GRANDE
A CAPITANIA DE PARAIBA
RIO GRANDE
PARAYBA

45

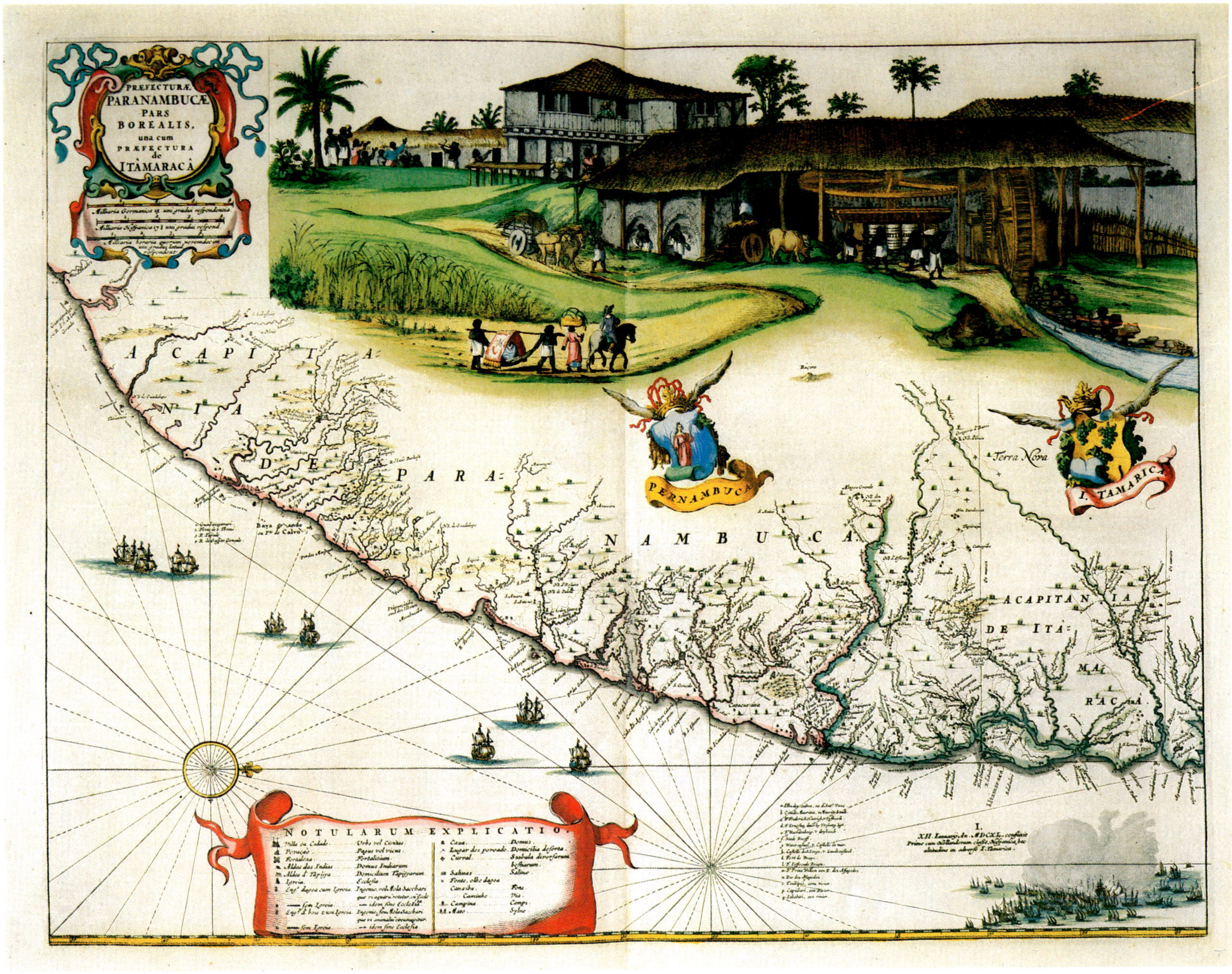
PRÆFECTURA PARANAMBUCÆ PARS BOREALIS, una cum PRÆFECTURA de ITAMARACA
A CAPITANIA DE PARANAMBUCA
PERNAMBUCA
ITAMARICA
Terra Nova
ACAPITANIA DE ITAMARACA
NOTULARUM EXPLICATIO

46

"Praefecturae Paranambucae Pars Meridionalis"
(aus: J. BLAVIUS, *Atlas Maior sive Cosmographia Blaviana*, Bd. 11, Amsterdam 1662)

47

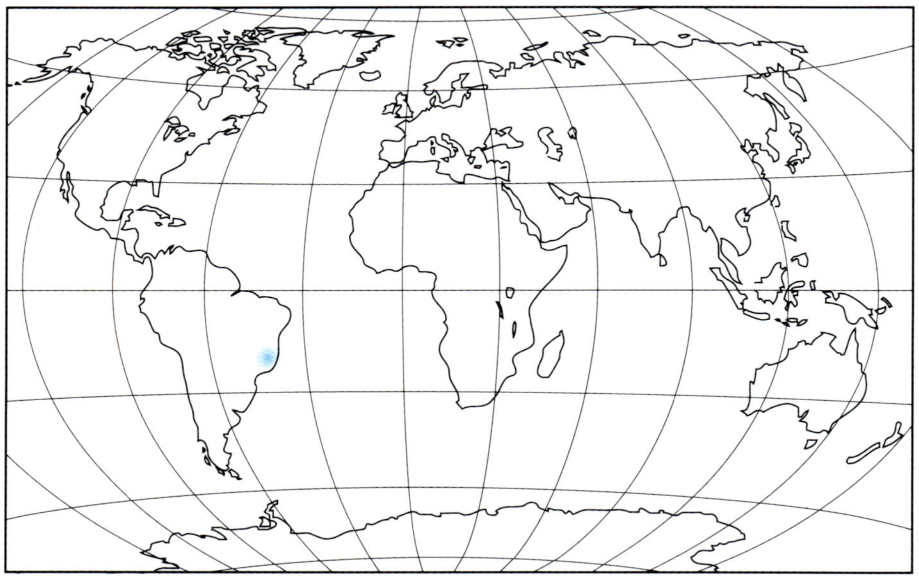

Wie bei der vorigen Karte (Tafel 46) liegt auch hier Norden rechts. Die Karte zeigt die Fortsetzung der brasilianischen Küste Richtung Süden und umfaßt das Gebiet von Südpernambuco.

Bibl.: Vgl. Text zu Tafel 43.

"Insulae Americanae in Oceano Septentrionali"
(aus: J. BLAVIUS, *Atlas Maior sive Cosmographia Blaviana*, Bd. 11, Amsterdam 1662)

48

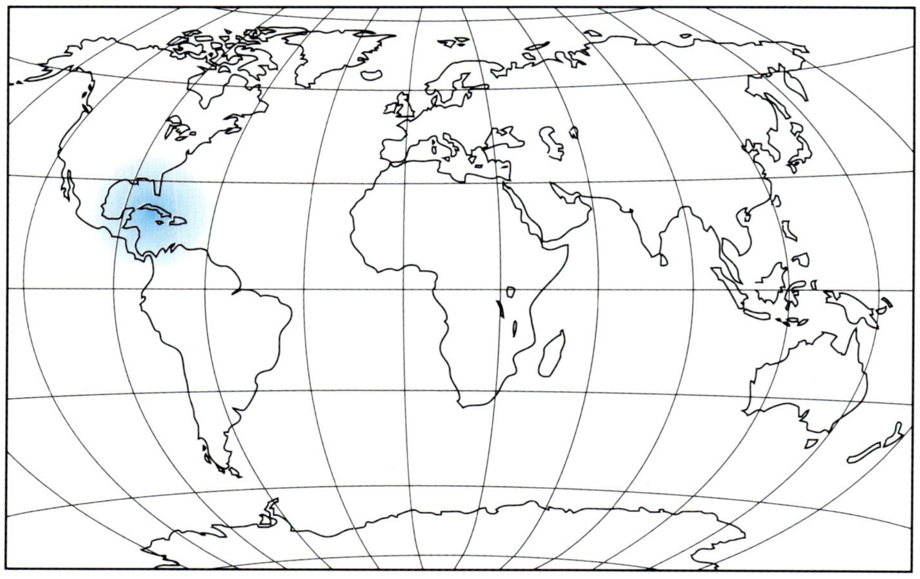

Die Karte reicht von Florida im Norden bis Venezuela im Süden und zeigt Mittelamerika mit dem Isthmus, die Gebiete des Golfs von Mexiko und die Karibik. Die graphische Gestaltung hebt die Inselgruppen hervor: die Großen Antillen mit Kuba und Hispaniola (Haiti), die Kleinen Antillen und die Bahamas.
Dies waren die Gebiete, in denen sich die Pioniere der Entdeckung Amerikas bewegten. Der Kartenzyklus endet hier, wo die Geschichte der Neuen Welt ihren Ausgang nahm. Interessant übrigens der Grad der Übereinstimmung zwischen dieser Karte und denen in früheren oder zeitgenössischen Atlanten zum selben Thema.

Bibl.: Vgl. Text zu Tafel 43.

PRÆFECTURÆ
PARANAMBUCÆ
PARS
MERIDIONALIS
CAPITANIA DE PARANAMBVCA

47

INSVLÆ AMERICANÆ
IN OCEANO SEPTENTRIONALI,
cum Terris adiacentibus.
FLORIDA.
MAR DEL NORT.
GOLFO DE MEXICO.
ESPANOLA.
HONDVRAS.
NICARAGVA.
MAR DEL ZVR.
NOVÆ HISPANIÆ PARS

48

VINCENZO CORONELLI

Erdglobus (Ausschn.), um 1692 (Bergamo, Biblioteca Civica)

49

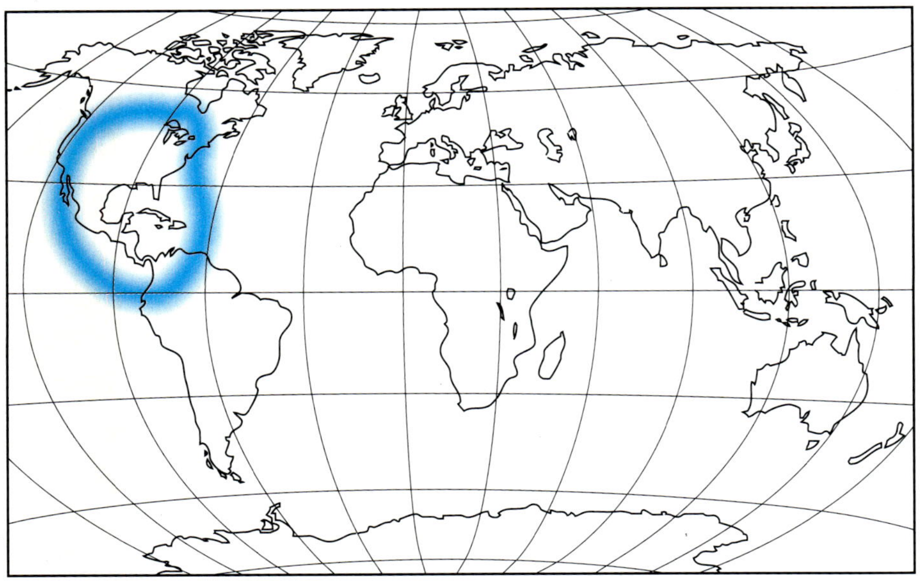

Bei dem Versuch, ein Abbild der Erdoberfläche herzustellen, spielen die Globen naturgemäß eine große Rolle.

Auf dem berühmten Globus von Martin Behaim aus dem Jahr 1492 mußte, trotz moderner Konzeption, die Neue Welt noch fehlen. Zu nennen ist auch die Arbeit von Johann Schöner (1515). Zu den ersten Globen, auf denen dann die Neue Welt auftaucht, gehören die von Mercator und Willem Blaeu. Schrittweise verbessern sie die Darstellung von Kontinenten und Ozeanen. Vor allem ab der 2. Hälfte des 16. Jahrhunderts nimmt die Herstellung von Globen immer mehr zu. Man geht dazu über, die bereits bedruckten Segmente auf einer vorgefertigten Kugel anzubringen.

Einer der wichtigsten Vertreter der Disziplin im 17. Jahrhundert ist Vincenzo Coronelli (1650 - 1718). Der dem Kloster von Frari angehörende Franziskanermönch war Geograph und Kartograph und gründete 1693 die "Accademia Cosmographica degli Argonauti".

Ab 1685 war er offizieller Geograph der Republik Venedig. Die Globen seiner Produktion sind sehr zahlreich. Im allgemeinen im Paar Erdglobus - Himmelsglobus hergestellt, waren sie für Klöster, Gelehrte, Vertreter des Adelsstands oder Herrscher bestimmt. Berühmt wurden die 1683 für Ludwig XIV. angefertigten Globen: Mit einem Durchmesser von 4,87m waren sie die größten der Zeit. Heute sind sie in der Nationalbibliothek in Paris aufbewahrt.

Der Globus, von dem hier eine Teilansicht mit der Neuen Welt zu sehen ist, wurde zusammen mit dem dazu gehörigen Himmelsglobus um 1692 von Coronelli für die Klosterbibliothek von S. Agostino in Bergamo hergestellt. Heute befindet er sich in der Biblioteca Civica in Bergamo.

Bibl.: FIORINI, 1899, 329-67; STEVENSON, II, 97-121; ARMAO, 1944; 1956; AA.VV., 1950; BONASERA, 1951; BONELLI, 1960; WALLIS, 1969; DE FERRARI, 1983, 305-9.

CANADA
GOLFO DEL MEXICO
ARCIPELAGO
HONDURAS
LAS ISLAS DE LOS LUCAYOS